ASSOCIATIONS
mode d'emploi

CLAUDE VALLON

ASSOCIATIONS
mode d'emploi

Dunod

A l'exemple des compagnons faisant leur tour de France, les fonctions de **Claude Vallon** au Crédit Agricole l'ont amené à travers le pays à s'impliquer dans le milieu associatif, et ainsi, sur le terrain, à en connaître la vie et les problèmes.

Sur le plan personnel, il s'agit d'un militant et aussi d'un praticien, aux responsabilités électives nombreuses dans d'importantes associations nationales et internationales.

Du même auteur

La Bourse et les clubs d'investissement, Collection « Que Sais-je ? », Paris, PUF, 1985.

ISBN : 2-04-016464-2

Avant-propos

« Dans tous les pays démocratiques, la science de l'association est la science mère, le progrès de toutes les autres dépend du progrès de celle-là».

Alexis de Tocqueville

Vous avez accepté d'assumer des responsabilités dans une association et vous subissez le fait d'avoir à faire face trop souvent à des problèmes administratifs de toute nature.

Le manque de temps et parfois de connaissance, vous oblige à consacrer à la « paperasserie » l'essentiel de votre vie associative.

Cet ouvrage est donc fait pour vous aider, il traite de l'ensemble des dispositions auxquelles sont assujetties les associations, et répond aux questions qui se posent à vous.

Son but est de vous aider à consacrer le minimum de temps aux « papiers » et le maximum à l'objet de votre association.

De nombreux spécialistes ont bien voulu m'apporter leur contribution ; je les en remercie ; en particulier, Oury Attia ainsi que Marie-Thérèse Pouchin dont l'apport fut essentiel.

Table des matières

1/ Créer une association : pourquoi et comment ?

L'association est-elle le meilleur moyen pour réaliser votre idée ?

Vous avez une idée, retrouver des amis pour discuter peinture, vendre des pralines, défendre une cause politique, acheter des fruits en grosses quantités pour bénéficier de tarifs préférentiels...

Chacune de ces activités s'exercera dans un cadre juridique bien précis : entreprise individuelle, société civile ou commerciale, association, ou autre structure.

Encore faut-il déterminer avec précision ce que peut vous permettre de réaliser le groupement appelé « association loi de 1901 », donc définir ce qu'est une association, quelles sont les activités qu'elle permet d'exercer, et en quoi elle diffère d'autres formes de groupements.

Quest-ce qu'une association « loi 1.07.1901 » ?

Définition juridique de l'association

L'article 1 de la loi du 1er Juillet 1901 définit l'association comme :

« La convention par laquelle deux ou plusieurs personnes mettent en commun, d'une façon permanente, leurs connaissances ou leur activité dans un but autre que de partager des bénéfices. Elle est régie, quant à sa validité, par les principes généraux du droit applicables aux contrats et obligations. »

L'association est donc un contrat : dès l'instant où au moins deux personnes se trouvent d'accord pour s'associer, elle peuvent le faire librement, sans autorisation ni déclaration préalable ; c'est le principe de la *liberté d'association.*

Ceci dit, pour que cet accord soit qualifié d'association, il faut respecter les termes énoncés par la loi.

— Tout d'abord, les associés doivent avoir un but commun. Cette première condition permet de distinguer l'association d'autres formes d'activité collective. Ainsi, la réunion, définie comme une rencontre passagère de personnes, n'est pas une association, car les personnes réunies n'ont entre elles aucun engagement.

— D'autre part, le but ou l'objet de l'association doit avoir *un caractère permanent.* Si votre projet est l'organisation d'un unique bal pour votre X^{e} anniversaire, vous ne constituerez pas pour cela une association. Cependant, vous pouvez très bien décider que votre association aura une durée déterminée. Par exemple, l'association pour l'érection d'un monument. Votre activité doit donc être continue, mais vous pouvez déterminer dès sa constitution la durée de vie de votre association.

— Enfin, votre groupement ne sera qualifié d'association que si le but poursuivi *est autre que le partage de bénéfices.* Cette condition est fondamentale.

En effet, *la loi ne vous interdit pas de faire des bénéfices,* elle s'attache seulement à la destination de ceux-ci. Si vous voulez partager les bénéfices de votre association entre ses membres, votre groupement doit revêtir la forme d'une société commerciale. D'ailleurs, en cas de procès, le juge requalifierait votre « association » pour lui restituer sa dénomination légale (société), avec les conséquences juridiques et fiscales qui en découlent.

Les bénéfices éventuellement réalisés doivent donc rester au sein de l'association. Cette règle est stricte. La répartition des bénéfices est d'ailleurs prohibée, quelle qu'en soit la forme. Par exemple, une association qui estimerait, en fin d'exercice, avoir réalisé « trop » de bénéfices, et qui retournerait à ses adhérents une partie de leurs cotisations, serait en infraction.

— Cependant, l'association peut tout de même procurer certains avantages matériels à ses adhérents, dès lors que ces avantages *ne constituent pas un accroissement de patrimoine.*

Par exemple, la formule « laboratoire photo » (prêt de matériel, mise à disposition de locaux, etc...).

Elle peut aussi faire bénéficier ses membres d'économies réalisées sur des biens ou des services acquis à tarif préférentiel, dès lors que l'objectif poursuivi en réalisant cette économie est secondaire par rapport au but principal poursuivi par l'association. Par exemple, un club de ping-pong faisant bénéficier ses adhérents de rabais sur le prix des raquettes, dans la mesure où l'activité principale du club est bien la pratique du ping-pong.

— L'interdiction de redistribuer des bénéfices n'exclut pas la possibilité, pour l'association, d'employer et de rémunérer des salariés. Le salaire n'est pas considéré comme un bénéfice, car il ne constitue que la contrepartie, la rémunération d'un travail ou d'une prestation effectuée pour le compte d'un employeur.

De même, l'association peut valablement indemniser ses membres en contrepartie de frais ou de dépenses *effectivement* subis, mais attention aux excès !

Salaires et indemnités peuvent donc être versés aux membres de l'association, mais ici aussi, il y aurait lieu à « requalification » du groupement s'il s'avérait qu'ils constituent en fait une distribution de bénéfices « déguisée ».

CONCLUSION :
les membres d'une association ne doivent escompter de leur participation à l'activité associative aucun enrichissement pécuniaire.

La « non-lucrativité » de l'association

La loi exige de l'association une gestion désintéressée ; au delà de la non distribution de bénéfices, l'activité de l'association ne doit pas pouvoir revêtir un caractère lucratif, aussi la loi dispose que :

L'association doit être gérée et administrée *à titre bénévole,* par des personnes n'ayant, elles-mêmes ou par des personnes interposées, aucun intérêt direct ou indirect dans les résultats de l'exploitation.

et que :

Les membres et leurs ayants-droit ne doivent pas pouvoir être déclarés attributaires d'une part quelconque de l'actif, lorsqu'ils quittent l'association ou en cas de dissolution.

Il en résulte que, dirigeant d'une association, vous êtes tenu de pratiquer votre activité associative à titre exclusivement bénévole. De plus, lors de la dissolution de l'association, vous ne pourrez vous attribuer, ou vous faire attribuer par une quelconque instance de l'association, les meubles et divers biens acquis par votre association, non plus que tout ou partie des sommes figurant sur son compte bancaire. Les biens de l'association, à sa dissolution, devront être « dévolus » (distribués) de façon à rester dans le milieu associatif.

La réunion de ces trois critères :
— Non distribution des bénéfices réalisés,
— Bénévolat des dirigeants,
— Dévolution des biens acquis par l'association, permet de déterminer la caractéristique essentielle de l'association : une gestion désintéressée. C'est la raison pour laquelle on dit de l'association « 1901 » qu'elle a un caractère « non lucratif ».

Le but de l'association

— Vous êtes libres de vous associer, et vous êtes libres de fixer le but que poursuivra votre association. Une limite, cependant, à cette liberté, résulte de l'article 3 de la Loi du 1er Juillet 1901 :

> « *Toute association fondée sur une cause ou en vue d'un objet illicite, contraire aux lois, aux bonnes mœurs, ou qui aurait pour but de porter atteinte à l'intégrité du territoire national et à la forme républicaine du Gouvernement, est nulle et de nul effet* ».

Vous ne pouvez donc pas, formant une association, poursuivre un but contraire aux lois : il est interdit à une association de violer la loi par des actes, mais aussi de provoquer des violations à la loi.

De même, interdiction de porter atteinte aux bonnes mœurs, cette notion fluctuante étant appréciée cas par cas par les tribunaux.

Si la cause pour laquelle vous vous êtes associés est ou devient illicite, la dissolution de l'association pourra être prononcée par le Tribunal de Grande Instance, soit à la requête de tout intéressé, soit sur requête du Ministère Public (Corps de magistrats représentant la société auprès des Tribunaux, et chargés de veiller à l'application des lois).

D'autre part, la loi du 10 Janvier 1936 sur les groupes de combat et milices privées, modifiée par l'ordonnance du 30 Décembre 1944, et par les lois du 5 Janvier 1951 et du 1er Juillet 1972, permet au Conseil des Ministres de prononcer la dissolution de toutes les associations ou groupements de fait :
— qui inciteraient ou provoqueraient des manifestations armées dans la rue,
— ou qui, en dehors des sociétés de préparation au service

militaire agréées par le Gouvernement, des sociétés d'éducation physique et de sport, présenteraient par leur forme ou par leur organisation militaire le caractère de groupes de combat ou de milices privées,
— ou qui aurait pour but de porter atteinte à l'intégrité du territoire national ou d'attenter par la force à la forme républicaine du Gouvernement,
— ou dont l'activité tendrait à faire échec aux mesures concernant le rétablissement de la légalité républicaine,
— ou qui aurait pour but soit de rassembler des individus ayant fait l'objet de condamnation du chef de collaboration avec l'ennemi, soit d'exalter cette collaboration,
— ou qui, soit provoqueraient à la discrimination, à la haine ou à la violence envers une personne ou un groupe de personnes en raison de leur origine ou de leur appartenance ou de leur non-appartenance à une ethnie, une nation, une race ou une religion déterminée, soit propageraient des idées ou théories tendant à justifier ou encourager cette discrimination, cette haine ou cette violence.

Dans toutes ces hypothèses, c'est l'administration qui, sans en référer à une quelconque instance judicaire, prononcerait discrétionnairement la nullité de l'association.

Néanmoins, ces cas de figure sont marginaux. En dehors de ceux-ci, votre liberté en la matière est quasi-totale. Vous êtes libres d'attribuer à votre association la cause voulue par les fondateurs ; cette cause peut même être modifiée au cours de la vie de l'association ; vous pouvez aussi, si vous le désirez, garder la cause de votre association non officielle, puisque la loi admet l'existence d'associations non déclarées.

La cause de votre association étant licite, vous pouvez assigner à celle-ci les buts les plus divers. Des associations « loi 1901 » œuvrent ainsi dans tous les domaines de la vie sociale : culture, éducation, bienfaisance, politique, santé, sport, distractions, écologie, tourisme, la liste n'est pas limitative !

D'une façon générale, ces associations sont régies par la loi de 1901 ; parfois, des textes complémentaires viennent préciser le texte de 1901, pour certaines catégories d'activités : par exemple, les associations « jeunesse et sport ».

Exceptionnellement, certaines formes d'associations sont exclues de la loi de 1901 car elles sont régies par des textes spécifiques ; ainsi les syndicats professionnels, les coopératives, les groupements d'intérêt économique (G.I.E.). La loi de 1901 ne s'applique donc pas pour ces groupements.

Comment distinguer l'association « loi 1901 » des autres formes de groupement ?

Même si votre projet semble s'inscrire explicitement dans le cadre associatif, il reste à vérifier que votre activité peut valablement être pratiquée sous la forme juridique de l'association « Loi 1901 ».

En effet, le régime juridique, fiscal, social, de votre organisation sera très différent selon sa qualification légale : association, société civile, commerciale, G.I.E., ou autre.

Il est donc important de connaître les formes d'organisation qui sont parfois très proches de l'association, et qui pourraient éventuellement mieux correspondre à votre projet.

La société commerciale

Nous avons vu que l'association se caractérisait par son aspect non-lucratif, par opposition à la société commerciale qui, par définition, fait du commerce, et donc recherche l'enrichissement pécuniaire de ses associés.

Mais les deux organisations sont au départ des contrats passés entre personnes privées, et elles peuvent toutes deux réaliser des bénéfices. La différence semble donc parfois ténue. Elle est néanmoins réelle.

Comparons la société anonyme et l'association :

	SOCIETE ANONYME	ASSOCIATION « 1901 »
1. Définition légale	Article 1832 C.Civil « La société est un contrat par lequel deux ou plusieurs personnes conviennent de mettre en commun des biens ou leur industrie, en vue de partager le bénéfice ou de profiter de l'économie qui pourra en résulter ». Article 73. Loi 24.07.1966 : « La société anonyme est la société dont le capital est divisé en actions et qui est constituée entre des associés qui ne supportent les pertes qu'à concurrence de leurs apports (...). »	Article 1.Loi 1.7.01 « L'association est la convention par laquelle deux ou plusieurs personnes mettent en commun, d'une façon permanente, leurs connaissances ou leur activité dans un but autre que de partager des bénéfices. »

2. création	Les apports des fondateurs leur donnent un droit sur l'actif par les actions qu'ils reçoivent en contrepartie	Les apports des fondateurs sont des cotisations exceptionnelles qui ne donnent, en général, aucun droit particulier par rapport aux adhérents ultérieurs.
3. Direction	1 conseil d'administration + 1 directeur général (le directeur général est souvent le P.D.G., cumulant les fonctions de président du conseil d'administration et de directeur salarié).	1 conseil d'administration+ 1 président du conseil (bénévole)+ 1 directeur (salarié) Le directeur peut être membre de l'association, mais son appartenance au Conseil d'Administration remettrait en cause le caractère désintéressé de sa gestion. Les administrateurs ne sont en principe pas rémunérés, sauf dans certains cas (salaires,indemnisations)
4. Personnel	Le Conseil d'Administration ne peut comporter plus d'un tiers de salariés.	Les salariés peuvent être représentés au Conseil d'Administration mais ne doivent pas y occuper une place prépondérante.
5. Vie du groupement	Les actions peuvent être vendues. Leurs cours évoluent. Le membre fondateur peut donc récupérer sa part de l'enrichissement de la société sans que celle-ci cesse ses activités. L'entrée de nouveaux membres de fait par l'achat d'actions (soit vendues par un actionnaire, soit nouvellement émises)	Le départ d'un membre de l'association n'a aucune conséquence patrimoniale. Les biens acquis par l'association pendant la période d'activité du membre restant dans l'association. L'entrée de nouveaux membres se fait normalement par adhésion.
6. Pouvoir	Le pouvoir réel dépend des concentrations de paquets importants d'actions en une seule main, c'est-à-dire chez un seul actionnaire, personne physique ou morale. L'action concertée d'actionnaires petits porteurs est marginale.	Le pouvoir dépend très largement des statuts (plus ou moins ouverts, plus ou moins démocratiques), et de l'action concertée de groupes d'adhérents. Mais les fondateurs peuvent éviter le phénomène en adoptant des statuts contraignants (ex.accord du conseil d'administration pour l'admission des nouveaux adhérents).
7. Dissolution	Les actionnaires se partagent l'actif net.	Les apports constatés par acte notarié peuvent être récupérés par les apporteurs. L'actif net est donné à des associations poursuivant le même objet afin de rester dans le cadre associatif.

Ces différences entre association « 1901 » et société commerciale ont des conséquences pratiques importantes :

— Dans une société commerciale, le dirigeant est civilement responsable du fait de l'activité générale de la société et de son personnel, alors que le membre d'une association voit sa responsabilité limitée à la valeur de ses apports.

— Surtout, si le groupement est une société commerciale, on lui appliquera les règles du droit commercial, alors que l'association « 1901 » est régie par le droit civil. Ainsi, par exemple, dans le cas d'une société commerciale, il y a solidarité à l'égard des tiers entre tous les associés.

— Distinguer activité associative et commerciale est aussi de première importance sur le plan fiscal, la société commerciale voyant ses bénéfices imposés à 50 %, alors que l'association remplissant les conditions de non-lucrativité peut n'être imposée qu'à 24 %, voire exonérée (voir *infra,* chapitre 2).

L'activité de votre association doit donc être exercée et maintenue dans le cadre strictement « non-lucratif » défini par la loi, afin de bénéfier du statut « loi 1901 » plus favorable que celui de la société commerciale.

La société civile

Le critère de « non-lucrativité » permet aussi de différencier l'association de la société civile, c'est-à-dire une société non commerciale mais ayant vocation à réaliser et partager des bénéfices. Par exemple, un laboratoire d'analyses médicales. Même si aucun bénéfice n'est distribué pendant la durée de la vie sociale, le but des associés de la société civile reste d'ajouter à leur fortune, par répartition des bénéfices lors de la dissolution de la société.

Il est donc nécessaire de veiller à ce que l'activité, même non commerciale de l'association, ne puisse conduire à la qualification de société civile, à cause d'une gestion intéressée.

Ainsi, la Cour de Cassation a eu à se prononcer sur la nature juridique d'une « association » réunissant des chasseurs « pour une meilleure pratique de la chasse », mais qui, moyennant des mises de fonds, organisait des parties de chasse au terme desquelles le groupement réalisait des profits par la vente d'une partie du produit des tableaux de chasse. La Cour de Cassation, estimant que l'aspect lucratif était prédominant, considère qu'il s'agit là d'une société civile.

Le Groupement d'Intérêt Economique (G.I.E.)

L'ordonnance du 23 Septembre 1967 institue le « G.I.E. », dont le but est de permettre à ses membres de mettre en commun un certain nombre de moyens pour faciliter et réaliser leur activité économique.

C'est une catégorie intermédiaire entre la société et l'association : la recherche et le partage des bénéfices ne sont pas à proprement parler la finalité du G.I.E., mais les éventuels bénéfices peuvent être répartis entre les membres.

Le G.I.E. doit être enregistré au Greffe du Tribunal de Commerce, et ses membres sont solidairement responsables à l'égard des tiers.

Quel est l'intérêt de cette structure juridique ?

Prenons l'exemple de plusieurs associations éditant chacune des bulletins ou des publications. Elles peuvent constituer un G.I.E. d'édition et de diffusion qui leur permettra d'obtenir des avantages financiers (impression, distribution, routage).

L'intérêt de cette formule réside donc, pour l'association dont une partie de l'activité revêt un caractère économique, dans le fait qu'elle conserve à son activité associative un caractère indiscutablement non-lucratif, en exerçant son activité économique dans le cadre du G.I.E. ;

Ainsi le G.I.E. est une superstructure utile à l'association voulant s'affranchir quelque peu des contraintes de la non-lucrativité, dans un but de gestion plus efficace.

Quel type d'association et pourquoi ?

La loi de 1901 institue plusieurs types d'association. Le sénateur VALLEE, qui fut rapporteur du projet de loi, en explique l'esprit :

« *Toutes les associations de personnes, quel que soit le nombre de ces personnes et quel que soit le but qu'elles se proposent, à moins, bien entendu, qu'il ne soit illicite, peuvent se former librement sans autorisation ni déclaration préalable.*

C'est la liberté absolue.

Mais, cette liberté entière et sans contrôle, elle est réservée aux seules associations qui se bornent à mettre en commun des facultés et des intelligences sans recherche ni préoccupation d'aucun bénéfice, sans prétention à des droits propres et personnels, distincts de ceux de leurs membres.

Si, au contraire, une association veut constituer une entité juridique avec tous les avantages qui en découlent, il en ira autrement. Dans ce cas, en effet, c'est un être moral qui se crée, une personnalité nouvelle qui arrive à la vie. L'État a dès lors le droit d'intervenir pour enregistrer d'abord la naissance de cet être, et ensuite, pour déterminer sa capacité ».

Dès 1901, donc, la loi distingue plusieurs formes d'associations, en fonction de l'importance des droits et des obligations attribués à chacune :

Une première forme d'association, entièrement libre et sans contrôle, ne passe par aucune formalité officielle. C'est l'association de fait, qui permet une entière liberté mais ne peut agir officiellement en tant que telle (contracter, agir en justice).

Le second type d'association est l'association officiellement déclarée. Par cette déclaration, elle acquiert une certaine capacité juridique, règlementée par la loi, et devant normalement être suffisante à la gestion de son activité.

Les articles 10 et 11 de la loi de 1901 instituent une association d'un troisième type : l'association « reconnue d'utilité publique ». En contrepartie d'obligations administratives, elle se voit attribuer une capacité juridique plus étendue, lui permettant, par exemple, de recevoir dons et legs.

Enfin, le développement du phénomène associatif a incité les instances gouvernementales à s'impliquer dans la vie des associations. Des ministères attribuent des subventions aux associations qu'ils ont agréées, en contrepartie d'un droit de regard sur leur fonctionnement.

Les associations de fait (non déclarées)

Définition

Tous les jeudis soirs, vous vous réunissez avec les trois mêmes amis pour une partie de bridge.

Votre but est commun, la cause de votre réunion est licite, et votre activité est, en principe, non lucrative. De fait, et bien que la convention qui vous réunit n'est pas écrite, vous formez une association.

L'association de fait existe donc en dehors de toute formalisation officielle. Dès que votre groupement réunit les conditions de l'article 1 de la loi 1901, vous avez constitué une association.

Si votre champ d'intervention s'étend, si vos activités se diversifient, vous pouvez doter votre association de statuts, ou d'un règlement, permettant de régler les différents ; Il faut alors établir autant d'exemplaires signés qu'il y a de parties concernées.

Ce texte est un « acte sous seing privé » (régi par les articles 1.322 et suivants du Code Civil), et tient lieu de loi entre les parties.

Cependant, et malgré la rédaction éventuelle de statuts, votre association n'a pas d'existence publique. Elle n'a pas la « personnalité morale » (attribut juridique d'une société ou d'une association déclarée, leur permettant d'agir, fictivement, comme une personne physique). Elle ne peut donc, en principe, agir officiellement en son propre nom.

Capacité de l'association non déclarée

L'association non déclarée n'a pas de capacité juridique. Concrètement, cela signifie qu'*elle ne peut pas* :

— Contracter en son nom, donc acquérir des biens,
— Posséder un patrimoine,
— Agir en justice,
— Engager des salariés,
— Voir son nom protégé, (un autre organisme pourrait donc l'utiliser)
— Recevoir des subventions, dons, ou legs.

De plus, la non-déclaration ne met pas les associés à l'abri de toute responsabilité civile ou pénale ; en cas de litige avec des tiers (personnes extérieures à l'association), la justice cherchera à protéger ceux-ci ne mettant en cause les personnes qui sont intervenues au nom de l'association non-déclarée.

A l'égard des tiers, chaque associé reste propriétaire des biens qu'il met à la disposition de l'association.De même en cas de contrat, chaque membre est considéré comme contractant en son nom personnel et est seul engagé à l'égard des tiers.

Toutefois, puisque la loi admet que l'association non déclarée est licite, il faut bien lui donner les moyens d'exister. Ainsi, en pratique,certains assouplissements lui permettent de fonctionner :

— Pour ses réunions, les membres de l'association peuvent acquérir en commun des locaux. Ces locaux sont la « propriété indivise » des associés qui les ont acquis (l'achat est effectué en copropriété et non au nom de l'association).
— Pour signer un contrat, l'association se fera représenter par une ou plusieurs personnes mandatées par *tous* les associés.
— L'association peut percevoir des cotisations, et se faire ouvrir un compte de chèques postaux (loi du 7 janvier 1918, article 13). Ces cotisations constituent un fonds bancaire, qui est la propriété collective des associés.

En définitive, l'association non déclarée est séduisante par l'entière liberté qu'elle laisse aux fondateurs. Elle vous convient si votre projet nécessite peu de moyens financiers et si vous ne souhaitez pas avoir de relations juridiques et financières avec des tiers.

Mais, nécessitant pour toute action un accord unanime, elle devient difficile à faire fonctionner si un désaccord intervient entre les associés.

Si le nombre d'adhérents grandit, si vos activités s'étendent et se diversifient, il peut devenir souhaitable de la déclarer, pour la structurer et lui donner une capacité juridique.

L'association déclarée

Définition

Elle est le type d'association le plus courant. Les fondateurs établissent des « statuts » de l'association, indiquant les règles fondamentales de son fonctionnement. Puis ils la rendent publique en la déclarant à la Préfecture et en insérant une publicité dans le Journal Officiel, ce qui lui permet d'acquérir la personnalité morale. Les dirigeants de l'association devront aussi déclarer toute modification intervenant dans ses statuts ou dans son administration ; de même, ils déclareront sa dissolution éventuelle.

La liberté d'association étant totale, la déclaration à la Préfecture n'est pas une autorisation que vous demanderiez ; c'est simplement une formalité. La constitution de l'association n'est donc pas soumise à l'intervention préalable de l'administration de la justice, sauf si son but est illicite.

Ce régime libéral est étendu, depuis la loi du 9 Octobre 1981, aux associations étrangères qui n'ont donc plus à subir des contrôles préalables. (les associations étrangères sont celles qui ont leur siège à l'étranger, ou celles qui sont dirigées en fait par des étrangers, ou encore celles dont au moins un quart des membres sont étrangers).

Capacité juridique de l'association déclarée

Dès lors que l'association a été rendue publique par insertion au Journal Officiel, elle acquiert la capacité juridique. Mais cette capacité juridique est limitée, d'une part, par l'article 6 de la loi de 1901, et d'autre part, par des dispositions réglementaires et la jurisprudence des tribunaux.

En fait, L'association ne jouit donc que d'une capacité res-

treinte, elle ne peut réaliser que les actes nécessaires à la réalisation de son objet social :
— L'association peut agir en justice pour défendre ses intérêts et ses biens.
— Elle a un droit exclusif sur son nom, c'est-dire que son nom est protégé et ne peut être utilisé par des tiers (voir *infra* page 19).
— Elle peut acquérir des biens à titre onéreux.
— Pour ce qui concerne les biens immobiliers, l'association déclarée ne peut acquérir que « le local destiné à son administration et à la réunion de ses membres, et les immeubles strictement nécessaires à l'accomplissement du but qu'elle se propose » (article 6, loi 1901).
— Elle peut ouvrir un compte bancaire,
— Elle peut employer du personnel salarié.

De même, les ressources dont peut disposer l'association déclarée sont déterminées par la loi :
— L'association déclarée peut percevoir des cotisations de ses adhérents. Leur montant n'est pas limité ; mais elles ne peuvent être « rédimées » (rachetées contre un don mobilier) pour une somme excédant 100 Francs (voir *infra* page 59).
— Elle est autorisée à recevoir des subventions régionales, départementales, communales (2/3 des associations reçoivent des aides financières extérieures qui proviennent en grande partie des municipalités).
— Par contre, elle ne peut recevoir ni don ni leg. Cependant, les aides en nature ou en espèces (exemple : une quête) sont tolérées.
— L'association peut contracter des prêts.
— Elle peut réaliser des actes de commerce lui fournissant des bénéfices, à condition que ces actes ne soient pas habituels et que les bénéfices produits ne soient pas distribués aux associés.

Si votre projet nécessite une organisation importante (exemple : vous comptez accueillir plusieurs dizaines d'adhérents), ou des relations juridiques avec des tiers, ou une certaine structure financière, l'association déclarée est sans doute l'outil qui vous convient le mieux.

Mais votre projet peut se situer à un échelon plus ambitieux : vous vous adressez au grand public, et vous avez des besoins de financement importants : la reconnaissance d'utilité publique, octroyée sous certaines conditions, vous permettra alors d'accéder à une capacité juridique élargie, donnant lieu à des droits et obligations supplémentaires.

L'association reconnue d'utilité publique

Définition

La « reconnaissance d'utilité publique » peut être accordée par l'administration à certaines associations déclarées. L'association respectant les conditions requises pour poser la demande en reconnaissance (voir *infra* p. 23) verra son dossier instruit par le Ministère de l'Intérieur, qui consultera les ministères intéressés et transmettra le dossier, pour décision, au Conseil d'Etat.

Les associations reconnues d'utilité publique bénéficient d'une capacité juridique plus étendue que celle des associations déclarées, mais elles sont soumises à des contrôles relativement contraignants qui peuvent, le cas échéant, entraîner le retrait de la reconnaissance, par décret en Conseil d'Etat. Ce décret peut soit entraîner la dissolution de l'association manquant à ses engagements, soit lui permettre de poursuivre son activité en tant que simple association.

De quelle nature sont ces contrôles :

— Des statuts-types lui sont imposés.
— L'association doit présenter un rapport annuel sur la situation et les comptes financiers.
— Elle doit présenter ses registres et pièces de comptabilité, à toute réquisition du Ministère de l'Intérieur ou du Commissaire de la République (ex-Préfet).

En contrepartie, la loi donne à l'association reconnue d'utilité publique des moyens accrus pour réaliser son but.

Capacité juridique de l'association reconnue d'utilité publique

Les associations reconnues d'utilité publique étant, avant leur reconnaissance, des associations déclarées, elles jouissent naturellement de la capacité juridique accordée aux associations déclarées.

De plus, la reconnaissance d'utilité publique lui permet de :

— Recevoir, sur autorisation, dons et legs.
— Placer ses capitaux.
— Bénéficier d'avantages fiscaux (voir *infra* page 38).
— Acquérir des bois, forêts, et terrains à boiser.
— Exercer une activité commerciale, dès lors que cette activité est en rapport direct avec son objet et qu'il n'est pas distribué de bénéfices.

La reconnaissance d'utilité publique permet donc d'avoir une structure financière d'envergure, l'association pouvant ainsi exercer son activité au plan national (exemple : la Société Protectrice des Animaux).

Mais le poids des conditions imposées et la lenteur des formalités administratives sont tels que sur 600.000 associations en activité, moins de 2.500 sont reconnues d'utilité publique.

L'association agréée

L'association agréée est une catégorie créée de fait par la pratique administratrive. L'agrément est une sorte de label décerné à l'association déclarée, et la justification de l'intérêt général que présente son action.

Obtenir un agrément ministériel permet de :
— Solliciter des subventions de fonctionnement ou d'équipement auprès du Ministère qui a donné l'agrément.
— Coopérer avec de nombreux services publics du secteur éducatif, culturel, économique, social. Exemple : une association agréée de parents d'élèves.
— Bénéficier d'avantages divers. Par exemple : affectation de locaux administratifs, collaboration d'agents publics.

Chaque Ministère fixe lui-même les règles conditionnant l'agrément d'une association dont l'activité relève de son domaine. Il a un pouvoir discrétionnaire en matière d'attribution de l'agrément. On retrouve, en général, plusieurs types de conditions :
— Avoir quelques années d'existence.
— Un fonctionnement conforme aux statuts.
— Une bonne gestion financière.
— Inclure dans les statuts certaines dispositions donnant des garanties à l'Etat.

Si l'association agréée ne respecte pas les conditions fixées par l'agrément, celui-ci peut être annulé par l'administration.

Pour information : autres types d'associations

Les Fondations

Une fondation consiste en l'affectation de biens à une activité déterminée et désintéressée. Elle a donc nécessairement un patrimoine, et son objet doit être d'intérêt général.

Elle n'acquiert la personnalité juridique qu'après approbation de ses statuts en Conseil d'Etat. Elle doit donc déposer un dossier à la Préfecture, démontrant notamment que ses ressources peuvent assurer un fonctionnement régulier à l'établissement.

Le statut de fondation permet donc de mobiliser des moyens qui peuvent être importants, en contrepartie d'une tutelle administrative.

Les Unions, Fédérations, et Confédérations

Lorsque plusieurs associations poursuivent des buts similaires ou très voisins, elles peuvent se regrouper et constituer une « union » d'associations.

Ces unions d'associations sont soumises aux mêmes dispositions que celles qui régissent les associations.

Les Fédérations, les Confédérations sont des unions ayant choisi une dénommination distincte, mais leur régime juridique est identique à celui des unions.

Comme pour les associations, elles n'acquièrent la capacité juridique que par déclaration et publicité au Journal Officiel. Elles constituent alors des personnes morales distinctes des personnes morales qui la fondent (les associations).

Elles peuvent de même solliciter, dans les mêmes conditions que les associations, une reconnaissance d'utilité publique.

Et maintenant, comment faire ?

Votre décision est prise : vous créez votre association. Il faut dès maintenant prévoir son organisation (membres et organes). Puis, concrètement, la constituer et la déclarer. Nous listerons donc toutes les formalités à accomplir pour déclarer votre association, et éventuellement demander une reconnaissance d'utilité publique ou un agrément.

Comment s'organise une association

Les membres de l'association

Les membres d'une association sont souvent répartis en diverses catégories, suivant les droits et les obligations que leurs confèrent les statuts.

On peut distinguer :

— Les membres fondateurs : toutes les personnes, physiques ou morales, qui ont participé personnellement à la création de l'association.

— Les membres actifs et les adhérents sont les membres qui entrent dans l'association moyennant une cotisation. On distingue parfois les membres actifs, qui participent aux activités associatives, des simples adhérents, qui ne font que bénéficier des prestations offertes par l'association.
— Les membres d'honneur, généralement dispensés de payer les cotisations annuelles.
— Les membres bienfaiteurs, payant volontairement une cotisation plus élevée.

L'Assemblée Générale

Dans l'esprit de la loi de 1901, l'association est une petite démocratie dont la volonté s'exprime par l'intermédiaire de l'assemblée de ses membres. Informée de la gestion de l'association lors de sa réunion annuelle, elle entérine le bilan de l'année écoulée et le budget prévisionnel pour l'année à venir ; périodiquement, elle élit les membres du Conseil d'Administration.

Le Conseil d'Administration

Il est composé d'un certain nombre d'administrateurs, investis de tous les pouvoirs délégués par l'assemblée générale ; le Conseil d'Administration représente l'association dans les actes de la vie civile, et il assure la gestion courante de l'association.

Le Bureau

« Le Bureau » est désigné au sein du Conseil d'Administration. Il est le véritable pouvoir exécutif de l'association.

Le Bureau se compose en général de :
— Un Président, représentant et dirigeant de l'association.
— Un Secrétaire, chargé du fonctionnement administratif de l'association.
— Un Trésorier, chargé des finances de l'association.

Le Président, le Secrétaire, le Trésorier, peuvent éventuellement être assistés d'adjoints.

L'association étant un contrat, il faut être au moins deux (personnes majeures), pour la créer. Si vous êtes dans ce cas, les deux fondateurs seront l'un Président de l'association, l'autre Trésorier.

Comment constituer votre association et comment la déclarer ?

(Liste ordonnée des étapes à suivre pour constituer et déclarer une association « Loi 1901 »).

L'Assemblée constitutive (non obligatoire)

La tenue d'une assemblée constitutive n'est pas obligatoire, mais elle peut s'avérer utile si plusieurs personnes, autour des membres fondateurs, sont intéressées par votre projet.

Aucune forme (ordre du jour, modalités de vote) n'est exigée. L'assemblée débat du projet de statuts que vous souhaitez donner à votre association. Lorsque ces statuts sont adoptés par un certain nombre de personnes, l'association peut se constituer entre elles.

Si les statuts ne désignent pas les dirigeants et les administrateurs de l'association, c'est l'assemblée constitutive qui les élira.

Le Conseil d'Administration désigné donnera délégation de signature à l'un de ses membres, afin d'exécuter les opérations administratives de constitution et déclaration.

Si donc vous réunissez une telle assemblée, vous rédigerez un procès-verbal, énumérant les décisions prises et revêtu de la signature de tous les membres d'accord avec le projet et désirant se joindre à l'association en création.

La rédaction des statuts

Dans la mesure où vous désirez déclarer votre association, lui permettant ainsi d'acquérir la capacité juridique, la rédaction des statuts est obligatoire, puisque vous devrez les joindre à votre déclaration.

Les statuts constituent la loi de l'association, celle à laquelle, en cas de litige (conflit entre les membres ou avec des tiers), le tribunal saisi fera référence pour rendre son jugement.

La rédaction des statuts est libre, sous la seule condition de ne pas y inclure de disposition contraire à la loi. Il doivent être relativement brefs, afin d'éviter de trop nombreuses modifications ultérieures, nécessitant chacune une procédure administrative ; aussi vaut-il mieux régler les dispositions de détail dans le Règlement Intérieur.

Vous pouvez rédiger vos statuts :

— soit par acte sous seing privé (convention sur papier libre, signé par les parties),

— soit par notaire (acte notarié), ce qui est obligatoire en cas d'apport de biens immobiliers.

Vous pouvez utiliser des statuts-types, c'est-à-dire des modèles imprimés par l'administration. (pour un modèle de statuts d'association « Loi 1901 », voir annexe n° 1).

Cependant les statuts-types ne peuvent prendre en compte toutes les situations particulières, aussi il est possible, et même conseillé, d'adapter les statuts-types à votre cas particulier.

Généralement, des statuts d'association contiennent :

— *Un préambule* (non obligatoire)
Il peut être utile de faire précéder le texte des statuts d'un préambule contenant les déclarations d'intention des fondateurs. Il renseigne sur l'esprit dans lequel est fondée l'association et aidera à interpréter les statuts en cas de difficultés.

— *Le nom de l'association*
Il vous faut choisir des termes permettant une individualisation suffisante de votre association ; donc, essayer d'indiquer le genre auquel appartient l'association. Par exemple : « association sportive de Chateau-Chervix ».

Notons qu'une association peut se nommer amicale, cercle, ligue, syndicat : seuls les statuts sont déterminants et lui confèrent le titre d'association.

Une fois votre association déclarée, votre nom se trouve protégé par la loi. Ainsi, une société commerciale qui utiliserait le nom d'une association déclarée risquerait de détourner à des fins commerciales une activité désintéressée, et créer dans l'esprit du public un quiproquo préjudiciable.

Vous pourriez donc faire interdire à cette société, par voie de justice, l'usage d'une dénommination ou abréviation identique ou trop ressemblante à celle de l'association.

— Les noms, prénoms, âges, professions, domiciles, nationalités des fondateurs.
— L'objet de l'association.
Indiquer le but et le champ d'action de l'association ; par exemple, « le développement et la promotion de la culture et du folklore » d'une région déterminée. On ne déterminera ici que les grandes lignes du but social, se référant plutôt au Règlement Intérieur pour les moyens d'action.
— L'adresse du siège social.
— La durée de l'association :
- soit illimitée,
- soit fixée à une durée déterminée (indiquer alors la durée).

— Composition de l'association.

Définir qui sera considéré comme membre fondateur, actif, d'honneur.

— Les conditions requises pour pouvoir adhérer à l'association (par exemple, pour une association d'anciens combattants : avoir combattu dans l'armée française pendant telle guerre).

— Conditions d'exclusion des membres.

La procédure adoptée doit être assez précise, afin d'éviter les contestations éventuelles.

— La composition du premier Conseil d'Administration.

La durée de ses fonctions. Mode de remplacement des administrateurs. Fonctionnement du Conseil et du Bureau.

— Modalités de réunion des assemblées générales ordinaires et extraordinaires.

— Modalités des modifications de statuts.

— Règles prévoyant la dissolution de l'association (liquidation, dévolution des biens).

Le texte des statuts doit être en principe rédigé en autant d'originaux qu'il y a de parties signataires, plus deux exemplaires qui devront être joints à la déclaration de l'association.

Si le nombre des signataires est élevé, on évitera l'obligation de rédiger de multiples exemplaires en déposant un exemplaire original chez un tiers, simple particulier ou officier ministériel.

La déclaration de l'association

Vous déclarerez votre association :

A la Préfecture, si le siège social de l'association est situé dans l'arrondissement du chef-lieu du département.

A la Sous-Préfecture dans les autres cas.

Pour les associations ayant leur siège à PARIS, s'adresser à :

PRÉFECTURE DE POLICE
Sous-Direction des Services Administratifs
Bureau des Associations
9, boulevard du Palais (escalier 1, 4e étage)
75004 PARIS

Le dossier de déclaration de constitution de l'association comprend :

1. une déclaration faite sur papier libre, datée, signée. Doivent y figurer :

— le nom de l'association,

— son objet,

— l'adresse de son siège social et éventuellement de ses établissements,

— Les nom, prénom, date et lieu de naissance, profession, domicile, nationalité, de toutes les personnes chargées de son administration ou de sa direction, avec l'indication de leurs fonctions dans l'association. (si une personne morale, par exemple une autre association, figure parmi les membres chargés de l'administration ou de la direction, donner les indications relatives à la personne physique chargée de représenter cette personne morale).

La déclaration doit être datée et signée par tous les membres du bureau. Pour un modèle de déclaration, voir annexe n° 2.

2. Une attestation justifiant l'établissement du siège social (accord du propriétaire ou du locataire des lieux).

3. Deux exemplaires des statuts, datés et signés.

4. Une demande d'insertion au Journal Officiel, remplie et signée (voir modèle, annexe n° 3).

Afin d'informer les tiers de la création de l'association, la déclaration et les statuts déposés à la Préfecture peuvent être communiqués, sans déplacement, à toute personne qui en fera la demande.

Le récépissé de la déclaration constitutive

L'administration (Préfecture ou sous-Préfecture) est tenue de délivrer un récépissé daté et signé de la déclaration, dans un délai de cinq jours à compter du jour où la déclaration de constitution a été régulièrement effectuée (Loi n° 71-604 du 20 juillet 1971).

N'étant pas chargé de contrôler la légalité de l'association, le préfet ne peut refuser de délivrer le récépissé, sous peine d'excéder ses pouvoirs.

Cependant, s'il estime que l'association s'est fixée un but illicite, ou contraire aux bonnes mœurs, il peut, tout en délivrant le récépissé, saisir le Ministère public en vue de faire prononcer la dissolution de l'association par le Tribunal de Grande Instance.

Publicité

Dans un délai d'un mois à compter de la déclaration, vous devez procéder à la publication de la « naissance » de votre association dans le Journal Officiel.

Cette publicité est impérative :

Sur le plan légal, ce n'est qu'à partir du jour de sa publication au Journal Officiel que l'association obtiendra la capacité juridique.

A défaut de publication, la déclaration est considérée comme nulle.

Dans la publication figureront :

— la date de la déclaration,
— l'indication du siège social,
— le nom de l'association,
— son objet.

Le formulaire nécessaire au dépôt de la demande d'insertion est délivré par :

Le Journal Officiel
26, rue Dexaix
75732 Paris Cédex 15
TEL. (16.1) 45.78.61.39.

Afin de faciliter ces formalités, la Préfecture et la sous-Préfecture mettent à votre disposition des imprimés « demande d'insertion au Journal Officiel ». Vous pouvez donc déposer en même temps votre déclaration constitutive et la demande d'insertion au Journal Officiel. Les services préfectoraux se chargeront de transmettre la demande d'insertion à la direction des Journaux Officiels.

Combien coûtent ces formalités :

La Préfecture vous proposera un tarif forfaitaire, comprenant :

— les frais d'enregistrement de la déclaration,
— la publication de l'extrait de la déclaration au Journal Officiel.

Un exemplaire du Journal Officiel, expédié à l'adresse de votre siège. (vous pouvez, contre une somme supplémentaire, demander à en recevoir plusieurs exemplaires).

— les frais de dissolution éventuelle de l'association.
— L'insertion au Journal Officiel de l'avis de dissolution.

Le tarif en vigueur au 1er janvier 1986 est de : 193 FRANCS.

Une précision : dans les départements de la Moselle, du Bas-Rhin et du Haut-Rhin, les associations n'acquièrent pas la capacité juridique par la publication de la déclaration constitutive. Elles doivent, pour l'obtenir, s'inscrire au Greffe du Tribunal d'Instance dans le ressort duquel elles ont leur siège.

Ouverture d'un compte bancaire ou C.C.P.

Pour ouvrir un compte bancaire au nom de l'association, il vous faudra produire :

— un exemplaire des statuts, certifié conforme par le Président de l'association,
— Un exemplaire du Journal Officiel dans lequel a été publié la déclaration constitutive de l'association,
— Une copie des délibérations désignant les personnes autorisées à agir au nom de l'association.

Pour l'ouverture d'un Compte Chèque Postal, les formalités sont les mêmes.

Comment obtenir une reconnaissance d'utilité publique ?

A la différence de la déclaration, la demande en reconnaissance d'utilité publique n'est pas une simple formalité administrative, en ce sens qu'elle n'est pas automatiquement accordée aux associations qui répondraient à un certain nombre de conditions déterminées.

L'administration va instruire le dossier de demande en reconnaissance, mais elle a un pouvoir discrétionnaire lui donnant toute latitude pour l'accorder ou la refuser.

Conditions requises pour demander la reconnaissance d'utilité publique

Pour être admise à déposer un dossier de demande en reconnaissance d'utilité publique, l'association doit respecter les conditions suivantes :
— Etre déclarée et fonctionner depuis au moins 3 ans.
— Regrouper au moins deux cents adhérents.
— Justifier de ressources financières suffisantes pour assurer son existence et sa durée.
— Posséder une dotation mobilière de 1.000 F. au minimum, placée en rentes nomminatives sur l'Etat, en actions nomminatives de sociétés d'investissement, ou en valeurs nomminatives admises par la Banque de France en garantie d'avances.
— Justifier de réalisations ou de services rendus, avoir un but d'intérêt général, et des activités débordant le cadre local.
— Adopter des statuts-types proposés par l'administration (voir un modèle, annexe n° 4).

Le contenu des statuts-types que doit adopter l'association demanderesse

Théoriquement, la loi n'exige pas de forme spéciale pour la rédaction des statuts d'une association. Mais en pratique, l'association ne pourra se voir délivrer l'avis favorable à la reconnaissance d'utilité publique que si ses statuts sont conformes aux modèles de statuts-types.

Pour être agréés par l'administration, ces statuts doivent contenir :

— Le titre, l'objet, la durée, le lieu du siège de l'association.
— Les conditions d'admission et de radiation des membres.
— Les règles d'organisation et de fonctionnement de l'association :
• Les pouvoirs conférés aux administrateurs et dirigeants
• Les conditions de modification des statuts
• Règles de dissolution de l'association.
— L'engagement de faire connaître dans les 3 mois à la Préfecture, tous les changements intervenant dans l'administration ou la direction.
— L'engagement de présenter, sans déplacement, les registres et pièces de comptabilité sur toute réquisition du préfet ou du sous-préfet.

La demande en reconnaissance d'utilité publique

Le dossier de demande, adressé au Ministre de l'intérieur, doit contenir :

— Un exemplaire du Journal Officiel contenant l'extrait de déclaration constitutive de l'association.
— Un exposé indiquant :
• L'origine, le développement, le fonctionnement, le but, l'utilité de l'association,
• Eventuellement le fonctionnement des comités locaux.
— Les statuts de l'association, en dix exemplaires.
— Les nom, prénom, nationalité, profession, adresse des membres du bureau et du Conseil d'Administration.
— Les comptes financiers des trois derniers exercices.
— Le budget de l'exercice courant.
— Un état de l'actif mobilier et immobilier et du passif.
— Une attestation bancaire certifiant que l'association possède bien des valeurs mobilières nomminatives.
— Un extrait de la délibération de l'assemblée générale autorisant la demande en reconnaissance d'utilité publique.
— L'avis du Conseil Municipal du lieu du siège social.
— L''avis du préfet, en forme d'arrêté.

Toutes les pièces énumérées doivent être certifiées sincères et véritables par les signataires de la demande.

Instruction du dossier

La demande en reconnaissance d'utilité publique doit être signée par toutes les personnes déléguées à cet effet par l'assemblée générale.

Elle est adressée au Ministre de l'Intérieur.

Un récépissé daté et signé est retourné à l'association.

Le Ministre fait procéder à l'instruction de la demande. Il prend notamment en compte l'avis du Conseil Municipal de la commune où l'association est établie, et un rapport du préfet.

Après consultation des ministères intéressés, il transmet au Conseil d'Etat qui statue par décret.

Si la demande est agréée, une copie du décret de reconnaissance d'utilité publique doit être transmise au préfet ou au sous-préfet pour être jointe au dossier de la déclaration.

Le préfet adresse alors à l'association nouvellement reconnue d'utilité publique une « ampliation » (copie revêtue de la signature administrative) du décret.

Les tiers seront informés par :

— Publication au Journal Officiel du décret de reconnaissance d'utilité publique.

— Droit de communication du dossier déposé à la Préfecture ou à la sous-Préfecture.

Comment obtenir l'agrément ministériel ?

Comme nous l'avons indiqué précédemment (voir *supra* page 15), l'agrément ne résulte pas d'une loi, mais de la pratique administrative, chaque ministère pouvant avoir ses propres critères d'attribution.

Ces critères concernent généralement la durée d'existence de l'association, des garanties de bon fonctionnement, une gestion financière saine.

L'association voulant solliciter un agrément ministériel doit donc s'adresser au Ministère compétent pour son secteur d'activité. (par exemple : une association en vue du ramassage scolaire s'adressera au Ministère de l'Education Nationale).

Au-delà de la déclaration officielle, la vie !

Votre association étant déclarée, elle a désormais une existence officielle. Pour la faire fonctionner, diverses instances sont à mettre en place. Elles servent à gérer le quotidien, mais aussi à opérer les changements plus ou moins importants qui peuvent intervenir dans la vie d'une association : modifier les statuts, changer d'administrateurs, voire, dissoudre l'association.

Le fonctionnement de l'association

Le Règlement Intérieur

Le Règlement Intérieur de l'association sert à préciser les modalités pratiques de son fonctionnement, dans le cadre prévu par les statuts. On peut dire que les statuts établissent la loi de l'association, et que le règlement intérieur en est le « décret d'application ».

Il n'est pas obligatoire, et sa rédaction est libre. Vous n'avez pas à le communiquer aux autorités administratives, non plus que les modifications que vous pourrez y apporter.

La seule exigence est qu'il ne doit bien entendu pas comporter de dispositions contraires aux statuts. En cas de litige, ce sont les statuts qui font foi.

Le Règlement Intérieur est généralement établi par le Conseil d'Administration, soumis à l'approbation de l'assemblée générale, et diffusé parmi les membres de l'association. Il n'existe pas de Règlement Intérieur type, chaque association ayant des problèmes spécifiques ; vous l'établirez donc sur papier libre, daté et signé par le Conseil d'Administration ; il sera « archivé » en même temps que le Procès-Verbal de l'assemblée adoptant le texte du règlement.

Que contient-il en général ?

En fait, il régit le détail du fonctionnement de l'assemblée :

— Modalités de réunion et de vote des assemblées générales,
— Détail des fonctions et leur répartition entre administrateurs et membres du bureau,
— Problèmes quotidiens de la vie de l'association. Exemple : gestion du matériel mis à la disposition des membres, ou encore : conditions d'emploi de salariés ou de bénévoles.

L'assemblée générale ordinaire

Au sein de l'association, l'assemblée générale est l'instance souveraine de décision, que les statuts prévoient généralement de réunir une fois par an.

Cette réunion des membres de l'association, dite assemblée

générale ordinaire, débat et se prononce suivant un ordre du jour indiquant les questions à débattre.

L'ordre du jour et la convocation aux assemblées générales ordinaires sont généralement de la compétence du Conseil d'Administration. A défaut de dispositions statutaires ou règlementaires, on pourra utiliser tout moyen de convocation : affiches, lettres individuelles, presse. En principe, tous les adhérents sont convoqués ; mais les statuts peuvent prévoir de n'en convoquer que certains, ou d'attribuer des droits de vote inégaux, ou encore de n'attribuer le droit de vote qu'à certaines catégories de membres.

L'assemblée générale ordinaire a pour objet :

— L'approbation (ou la désapprobation) de la gestion de l'année écoulée (activités réalisées, résultat de l'exercice financier), sur présentation d'un « compte rendu moral et financier » par les dirigeants.

— Le vote du budget de l'année à venir.

— Le renouvellement éventuel, par élection, des membres du Conseil d'Administration.

— Le vote d'un « rapport d'orientation » contenant les projets de l'association pour la nouvelle année et les directives à suivre par les administrateurs.

— Parfois l'assemblée générale ordinaire élit directement le président de l'association.

La loi n'impose pas de « quorum » (nombre minimum d'adhérents présents pour que l'assemblée générale puisse valablement avoir lieu), ni de conditions de majorité pour le vote des décisions. Il est donc utile de prévoir des dispositions adéquates dans les statuts.

Sauf disposition statutaire, il n'est pas exigé d'établir un procès-verbal de la réunion. Il est toutefois conseillé de tenir un registre sur lequel seront consignées les délibérations et les résolutions prises par les assemblées.

L'assemblée générale extraordinaire

Une assemblée générale extraordinaire peut être convoquée à n'importe quel moment de l'année pour statuer sur des questions urgentes ou essentielles. Elle peut d'ailleurs être réunie en même temps que l'assemblée générale ordinaire.

Le plus souvent, il s'agit de décider de modifications dans les statuts, voire de se prononcer sur la dissolution de l'association.

En l'absence de dispositions statutaires, elle fonctionne comme une assemblée générale ordinaire.

L'administration de l'association

Le Conseil d'Administration

Il est composé d'administrateurs, en nombre variable ; en général, le premier Conseil d'Administration est désigné par les statuts, qui en fixent le rythme de renouvellement. Il est ensuite, à chaque échéance, élu par l'assemblée générale ordinaire.

Le Conseil d'Administration se réunit une, deux ou plusieurs fois par an. Son bureau prépare l'ordre du jour de la réunion.

Il est souhaitable que les débats et les résolutions du Conseil donnent lieu à l'établissement d'un procès-verbal par le secrétaire de l'association.

Ce sont généralement les statuts qui fixent l'étendue des pouvoirs des administrateurs. Leur mission consiste à :

— Représenter l'association dans les actes de la vie civile qu'elle est amenée à accomplir.
— Ils peuvent avoir, par ailleurs, des attributions particulières, telles que la convocation des assemblées générales, auxquelles ils rendent compte de leur action.
— D'une façon générale, les statuts leur délèguent tous pouvoirs pour assurer le bon fonctionement de l'association.Ils peuvent même être habilités, par les statuts, à voter le budget de l'association.

Le Bureau

C'est l'organe permanent du groupement. Il se compose d'un président, d'un secrétaire, d'un trésorier, éventuellement d'adjoints, généralement élus à bulletin secret parmi les membres du Conseil d'Administration.

Le président a pour rôle de :

— Représenter de plein droit l'association devant la justice.
— Diriger l'administration de l'association :
• Signature des contrats,
• Embauche du personnel,
• Représentation de l'association pour tous les actes engageant l'association à l'égard des tiers.

Le Secrétaire :

— Tient la correspondance de l'association,
— Est responsable des archives, des registres,
— Etablit les procès-verbaux des réunions,
— Tient le registre règlementaire (voir *infra* page 29).

Le Trésorier a la responsabilité de gérer le patrimoine financier de l'association :

— Il effectue les paiements,

— Perçoit les sommes dues à l'association,
— Encaisse les cotisations,
— Tient la comptabilité,
— Prépare le bilan présenté à l'assemblée générale annuelle, où il rendra compte de sa mission.

Le Conseil de Surveillance

Un conseil de surveillance peut être prévu par les statuts. Les associés qui le composent contrôlent l'activité des administrateurs et des dirigeants et font un rapport annuel à l'assemblée générale.

Les changements dans la vie de l'association

Tous les changements survenant dans les statuts, l'administration ou la direction de l'association doivent faire l'objet d'une déclaration modificative à la Préfecture ou à la sous-Préfecture, et ce dans les trois mois de la date de la modification.

Le défaut de déclaration modificative peut donner lieu à amende et justifier la dissolution judiciaire de l'association. En tout état de cause, il rend la modification inopposable aux tiers.

La déclaration de modification donne lieu à la délivrance d'un récépissé. En cas de retard dans la déclaration, l'administration refuse parfois de délivrer le récépissé de déclaration modificative. Cette attitude est illégale, ainsi que l'a affirmé le Tribunal Administratif d'Orléans dans un jugement du 16 Novembre 1982.

Vous disposez donc d'un recours en justice, en cas d'intransigeance abusive de l'administration préfectorale.

Le Registre Réglementaire

Toutes les modifications effectuées doivent être transcrites sur un registre spécial, coté et paraphé par le président de l'association. Les dates des récépissés de déclaration sont de même transcrits sur le registre.

Il est tenu au siège de l'association déclarée, et doit être présenté sans déplacement aux autorités administratives ou judiciaires, sur leur réquisition.

Modification des statuts

L'association peut modifier ses statuts, en procédant conformément aux dispositions statutaires en la matière.

Généralement, cette modification est soumise à l'accord de

l'assemblée générale, voire d'une assemblée générale extraordinaire en cas d'urgence.

Mais il est possible de prévoir statutairement une assemblée restreinte pour décider d'une telle modification.

La modification doit être déclarée dans un délai de trois mois à compter du jour où elle est devenue définitive.

Les formalités de déclaration modificative :

Vous devez déposer à la Préfecture :

— Une déclaration datée et indiquant la date de l'assemblée qui a décidé les modifications.
— Deux exemplaires des articles modifiés, dans leur complète teneur, ou des articles additionnels, datés et signés par l'un des membres du bureau.
— Mentionner la modification dans le registre règlementaire, avec la date de réception du récépissé de déclaration modificative (voir annexe n° 5).

Changement d'administrateurs

Il doit aussi être déclaré, afin que les tiers aient la possiblité de vérifier, au moment où ils entrent en relation (contractuelle ou judiciaire) avec l'association, que la personne physique qui la représente est effectivement qualifiée.

Formalités à accomplir :

— Adresser à la Préfecture une déclaration sur papier libre, datée et signée par le président du nouveau bureau, et contresignée par un membre du bureau sortant, faisant connaître la nouvelle liste complète des personnes chargées de l'administration de l'association (Bureau et Conseil d'Administration), et précisant, pour chacune d'elles, les : nom, prénom, date et lieu de naissance, profession, adresse, nationalité (voir annexe n° 6).

Changement de siège social, ou du patrimoine immobilier de l'association

Il y a lieu de déclarer à la Préfecture :

— Tout changement d'adresse du siège social,
— La fondation de nouveaux établissements,
— L'acquisition ou l'aliénation d'immeubles.

Formalités à accomplir :

— Déposer à la Préfecture une déclaration comprenant :

- La désignation complète de l'immeuble,
- Le prix d'achat, prix de vente, prix de location,

• Description sommaire des lieux,
• Nom et adresse du notaire devant lequel a été passé l'acte d'achat ou de vente.
— Inscrire le changement sur le registre règlementaire spécial.
— Une nouvelle insertion au Journal Officiel doit être faite dans le délai d'un mois à compter de la déclaration.

Changement du titre ou de l'objet de l'association

Si vous voulez modifier le titre (nom) de votre association, ou son but statutaire, il faut, de même que pour la modification de statuts, déclarer la modification.

Formalités à accomplir :
— Déposer à la Préfecture une déclaration sur papier libre, datée et signée par un membre du bureau, et faisant connaître le nouveau titre ou le nouvel objet adopté.
— Transcription de la modification sur le registre règlementaire.
— Publication au Journal Officiel, dans le délai d'un mois, du nouveau titre ou du nouvel objet de l'association.

La dissolution de l'association

Venue à la vie par la seule volonté de ses fondateurs, l'association est susceptible de prendre fin de diverses manières : la volonté des associés, une disposition statutaire, une décision de justice, un texte administratif, peuvent donner lieu à dissolution. Il faut alors liquider les biens de l'association, en respectant la loi et les statuts de l'association.

Dissolution volontaire

Une association peut être librement dissoute par la volonté des associés, pour un quelconque motif leur appartenant. La dissolution, volontaire, est alors prononcée en assemblée générale extraordinaire.

Il est nécessaire de prévoir, dans les statuts, les conditions de quorum et de majorité requises pour prononcer la dissolution. À défaut, il faudrait obtenir le consentement unanime des associés (article 1.134 du Code Civil).

Il est également possible de dissoudre par anticipation une association prévue pour une durée déterminée.

L'assemblée générale extraordinaire prononçant la dissolution nommera un liquidateur chargé d'apurer les comptes, régler les dettes de l'association, percevoir les cotisations en retard.

L'actif net sera distribué selon les règles du droit commun de la dévolution. (voir *infra,* page 33).

Déclaration de la dissolution sera faite à la Préfecture, sur papier libre, datée et signée par plusieurs membres du bureau, en y joignant copie du procès-verbal de l'assemblée générale au cours de laquelle a été votée cette décision.

Dissolution statutaire

Lorsque le but statutaire de l'association a été atteint, ou lorsque l'association a été fondée pour une durée limitée, elle doit être dissoute conformément aux dispositions indiquées aux statuts.

Les statuts peuvent inclure une clause de prorogation, lors de la constitution de l'association ou avant l'arrivée du terme.

La prorogation de l'association est alors possible (par exemple : clause de prorogation par tacite reconduction). Dans ce cas, il faut établir un procès-verbal constatant la prorogation.

Ce procès-verbal est adressé au Préfet, avec une déclaration de prorogation, qui doit être par ailleurs publiée au Journal Officiel.

Remarque : après l'arrivée du terme, et en l'absence de dispositions statutaires prévoyant la prorogation, il est impossible de décider la prorogation de l'association ; il convient de procéder alors à la création d'une nouvelle association.

Dissolution judiciaire

La dissolution de l'association peut être prononcée par voie de justice, à la requête de tout intéressé ou du Ministère Public :

— Lorsque l'association ne répond pas à toutes les conditions et n'accomplit pas toutes les formalités exigées par la loi. (exemples : association ayant de fait une activité principalement commerciale, un défaut de publication, la non-déclaration de modifications statutaires).

— Lorsque son objet est illicite ou contraire aux bonnes mœurs.

Les dirigeants recevront alors une assignation, déclenchant le procès devant le Tribunal de Grande Instance.

D'autre part, les associés peuvent eux-mêmes demander la dissolution judiciaire, en cas de mésentente profonde ne permettant même plus de décider la dissolution volontaire en assemblée générale.

La dissolution administrative

L'administration est habilitée à dissoudre certaines associations par décret en Conseil des Ministres. Il s'agit des associations visées par certains textes de loi, comme la loi du 10 Janvier 1936 viant à interdire les groupes de combat et milices privées.

En cas de décret prononçant sa dissolution, l'association peut exercer un « recours pour excès de pouvoir » (procédure judiciaire nécessitant l'assistance d'un avocat) devant le Conseil d'Etat.

Mais en cas de maintien ou de reconstitution d'une association dissoute, les responsables sont passibles d'une amende de 60 à 18.000 francs, et d'un emprisonnement de six jours à un an (article 8, loi du 1er Juillet 1901).

Règles de liquidation des biens de l'association

Dans tous les cas de figures, la dissolution donne lieu à liquidation des biens de l'association. Si des dispositions statutaires ne règlent pas le problème, c'est normalement à l'assemblée générale de déterminer notamment les règles de *dévolution des biens.*

En effet, les biens restant après désintéressement de tous les créanciers éventuels de l'association, doivent être transmis de façon *à rester dans le milieu associatif.* L'assemblée générale ne peut attribuer aux associés, en dehors de la reprise de leurs apports, une part quelconque des biens de l'association, (article 15 du Décret du 16 Août 1901), en raison du caractère non-lucratif que doit avoir l'activité de l'association.

Si donc l'assemblée générale ne se détermine pas quant à la dévolution des biens, celle-ci se fera au profit de l'Etat, après reprise des apports faits par les associés (article 9, loi 1901).

Le plus souvent, les statuts ou l'assemblée générale décident de transmettre les biens restant à d'autres associations. Elles peuvent le faire par acte notarié, et publication du don et de son acceptation au bureau des hypothèques de l'arrondissement dans lequel les biens sont situés.

La dévolution peut aussi bénéficier à une collectivité locale, un établissement public hospitalier, ou un bureau d'aide sociale.

Les opérations matérielles de la liquidation seront confiées à une personne, nommée liquidateur, commissaire ou curateur, désignée soit par l'assemblée générale qui a prononcé la dissolution, soit par décision de justice.

L'association survivra, c'est-à-dire qu'elle conservera la personnalité morale, pendant le temps nécessaire au mandataire désigné pour mener à bien la liquidation.

Scission/fusion/absorption d'associations

Scission d'associations

Juridiquement, la scission d'une association est une somme de retraits individuels, donc de plusieurs membres démissionnaires, d'une association qui va continuer d'exister entre les membres restants.

Ainsi, en cas de démission collective, l'association n'est pas dissoute, à moins qu'un vote de l'assemblée générale ne prononce la dissolution.

Si les dissidents détiennent des biens appartenant à l'association, ils devront les lui restituer.

Fusion d'associations

Deux associations qui voudraient mettre en commun leurs moyens humains et financiers peuvent « fusionner ».

L'opération consiste à dissoudre les deux associations pour en créer une troisième. Les formalités de la dissolution sont celles ce la dissolution volontaire d'association (voir *supra* page 31). La dévolution des biens sera faite au profit de l'association nouvellement créée. Les membres fondateurs de celles-ci seront les deux associations originelles.

Absorption d'association(s)

C'est une technique visant au même but que la fusion d'associations. Une des deux associations va absorber l'autre.

Pour ce faire, l'association absorbée sera dissoute ; l'association absorbante accomplira les formalités exigées en cas de changement de dirigeants et modification de statuts

Il existe en fait un grand vide juridique dans ces domaines, ni la loi de 1901 ni son décret d'application n'évoque cette situation.

2/ Quelle réglementation et comment l'appliquer

A moins d'être à la fois comptable, juriste et fiscaliste, la gestion quotidienne de l'association est loin d'être la tâche la plus facile de l'administrateur.

Et pourtant, la « santé » de l'association en dépend ! Une association mal gérée verrait vite apparaître des problèmes de fonctionnement interne, des problèmes financiers, juridiques, voire... fiscaux !

Ceci dit, avec un peu de bonne volonté et en se tenant à jour des diverses obligations règlementaires, il est possible de prévenir toute difficulté, d'améliorer la gestion de l'association, et gagner du temps pour mieux vivre la vie associative.

La loi impose...

L'administrateur de l'association doit s'acquitter périodiquement de formalités dont le nombre et la diversité peuvent apparaître complexes ; aussi, pour ne rien oublier, nous avons regroupé en tableaux, selon les échéances, les obligations règlementaires à respecter au cours de la vie de l'association.

CONSTITUTION DE L'ASSOCIATION
• Rédaction des statuts • Déclaration à la Préfecture • Publicité au Journal Officiel • Rédaction d'un Règlement Intérieur. • Désignation d'un conseil d'administration et d'un bureau.

LES OBLIGATIONS QUOTIDIENNES
• Tenir le cahier des adhésions à jour • Enregistrer les opérations réalisées en comptabilité.

OBLIGATIONS MENSUELLES
• Déclaration des opérations occasionnelles soumises à T.V.A. • Mise à jour de la comptabilité en partie double. • Si l'association emploie du personnel : — déclaration n° 1051 pour le versement de la taxe sur les salaires, — mise à jour des registres de renseignements sur le personnel salarié, — envoi des bordereaux mensuels totalisant les montants des cotisations sociales afférentes aux salaires versés. • Si l'association édite un bulletin : — dépôt de chaque numéro des bulletins édités aux administrations compétentes (voir *infra* page 87).

OBLIGATIONS ANNUELLES
• Tenir une assemblée générale annuelle : — respecter les règles de convocation, — établir une feuille de présence, — un procès-verbal de la réunion. • Mise à jour du registre de l'association. • Les déclarations fiscales : — T.V.A. : imprimé CA3/CA4 — Impôt sur les sociétés : imprimé 2070 • Inventaire, bilan de clôture, établissement du compte de résultat • Si l'association est subventionnée : faire parvenir à l'administration octroyant la subvention un compte rendu de l'activité et de la gestion financière de l'association. • Si l'association emploie du personnel : déclaration annuelle des rémunérations versées. • Formalités à accomplir par l'association organisant une fête (voir *infra* page 95). • Reconduire les contrats d'assurance en cours. Signaler à votre assureur toute nouvelle activité.

MODIFICATION DES STATUTS, CHANGEMENTS DE DIRIGEANTS
• Les assemblées générales extraordinaires : — convocation, présence, Procès-Verbal. • Déclaration des modifications de statuts. • Déclaration des changements dans la direction. • Mise à jour du registre réglementaire.

Le fisc, ne l'oubliez pas !

D'une manière générale, votre association peut être concernée par 2 types d'impôts :
— la taxe sur la valeur ajoutée (T.V.A.)
— l'impôt sur les sociétés.

Par ailleurs, un régime fiscal spécifique régit les diverses activités pratiquées dans le cadre d'une association (par exemples, l'édition d'un bulletin, ou l'utilisation d'un personnel salarié). Ce régime sera exposé dans les développements consacrés à ces activités.

La T.V.A.

D'après le Code Général des Impôts, (article 256), la T.V.A. est due pour toute opération économique, telle une prestation de service, ou la vente d'un bien quelconque.

Cette règle s'applique, en particulier, aux opérations réalisées par les associations « loi 1901 ». Elle vaut, en principe, pour *toutes* les opérations effectuées à titre *habituel ou occasionnel.*

Le taux normal de cet impôt est fixé à 18,60 %. Il existe par ailleurs un taux réduit, à 7 %, et un taux majoré à 33,33 %. C'est la nature de l'activité ou du produit vendu qui détermine le taux applicable, dont le détail figure au répertoire publié par :

LA REVUE FIDUCIAIRE
(N° 659 de juillet 1982)
54, rue de Chabrol
75480 PARIS CÉDEX 10

La loi a cependant prévu plusieurs cas pour lesquels l'association peut être *exonérée* de la T.V.A. Si l'opération que vous réalisez respecte les conditions imposées pour l'exonération, et seulement pour ces cas précis, l'association ne sera pas assujettie à cette taxe. Dans les cas contraires, l'association sera redevable de la T.V.A., et devra, en conséquence, s'acquitter de certaines obligations administratives.

Les opérations exonérées de T.V.A.

Les associations ayant une gestion désintéressée (voir *supra* page 3) sont exonérées de T.V.A. dans quatre cas de figure déterminés par la loi :

Les associations qui rendent à leurs membres des services à caractère social, culturel, éducatif ou sportif

• Quelles sont les conditions à respecter ?
— L'association doit être légalement constituée (associations déclarées).
— Elle doit poursuivre un but non-lucratif.
— L'exonération ne peut s'appliquer qu'aux services rendus aux membres de l'association.

• Quelles sont les opérations exonérées ?
— Les services rendus aux membres dans les domaines :

• Social (exploitation de crèches, terrains de camping, villages de vacances, colonies, camps, activités d'accueil type auberge de jeunesse, M.J.C., exploitation de maisons de repos, de retraite, centres aérés...).

• Educatif et culturel (cours, conférences, concerts, séances de théatre ou de cinéma, expositions, exploitation de bibliothèques : location de livres, disques, films, à caractère éducatif ou culturel...).

• Sportif (exploitation de stades, terrains et salles de sport, patinoires, plans d'eau, courts de tennis, manèges équestres...).

— Les ventes accessoires faites aux membres, dans la limite de 10 % des recettes totales réalisées par l'association. (les « recettes totales » comprennent toutes les ressources de l'association, y compris les cotisations).

• Quelles sont les opérations exclues de l'exonération ?

— Les opérations réalisées avec des tiers (services ou ventes à des personnes non-adhérentes à l'association).

— L'exploitation *permanente* de bars et de buvettes.

— Les services qui ne présentent pas un caractère social, éducatif, culturel ou sportif (exemples : location d'emplacements publicitaires, défense d'un adhérent devant les Tribunaux, l'association réglant les frais de justice).

Les services rendus à leurs membres par les associations poursuivant un but philosophique, religieux, politique, civique ou syndical

• Quelles sont les conditions à respecter ?

— l'association doit être légalement constituée et agir dans un but non-lucratif.

— Les opérations exonérées doivent consister en des prestations de services ou des fournitures de biens étroitement liées à l'objet de l'association.

— Ces opérations doivent être exclusivement rémunérées par la perception d'une cotisation statutaire (et non d'une rémunération supplémentaire).

— Elles doivent se rattacher directement à la défense *collective* des intérêts moraux ou matériels *des membres* de l'association (exemples : organisation de campagnes d'information, élaboration d'accords professionnels).

• Sont exclues de l'exonération :

— les opérations visant à défendre individuellement les adhérents (par exemple, le règlement des honoraires d'avocat pour une action en justice individuelle).

— La tenue de comptabilités, l'établissement de déclarations fiscales, lorsqu'elles donnent lieu à rémunération.

— La mise à la disposition des adhérents de biens meubles ou immeubles leur permettant d'exercer une activité privée ou professionnelle.

Les opérations effectuées par des organismes à caractère social ou philantropique

• Quelles sont les conditions à respecter ?

— l'organisation doit être gérée et administrée par des personnes n'ayant aucun intérêt financier dans les résultats de l'exploitation (Il ne doit donc pas y avoir de distribution de bénéfices).

— les opérations exonérées doivent rester dans le cadre de la mission de caractère social ou philantropique de l'association.

— les prix pratiqués doivent être homologués par l'autorité publique, ou tout au moins être inférieurs à ceux du secteur commercial.

— les opérations exonérées peuvent s'adresser à des personnes extérieures à l'association.

• Quelles sont les opérations exonérées ?

— les activités relatives à l'enfance (crèches, patronnages...),

— le tourisme social (campings, gîtes ruraux...),

— les activités d'accueil (foyers de jeunes, de travailleurs...),

— activités parahospitalières (enfance inadaptée, maisons de repos...)

Les manifestations de bienfaisance et de soutien organisées par les associations ci-dessus énumérées

Elles sont exonérées de T.V.A. dans la limite de 6 manifestations par an.

• Quelles sont les conditions à respecter ?

— les 6 manifestations doivent être réalisées au profit exclusif de l'association.

— Elles doivent consister en un appel à la générosité du public, en vue de fournir à l'organisateur des moyens financiers exceptionnels lui permettant de poursuivre le but de l'association.

— Elles peuvent être organisées sous formes diverses : bals, concerts, spectacles, kermesses, tombolas,...

• Quelles sont les recettes exonérées :

— le prix d'entrée,

— l'exploitation d'un buffet, d'une buvette, pendant la manifestation,

— la location de stands,

— la vente de bibelots, de souvenirs,

— les recettes publicitaires.

IMPORTANT :

Lorsque l'association est exonérée de T.V.A. sur ses recettes, donc dans tous les cas énumérés ci-dessus, elle doit régler la T.V.A. *sur les achats* ayant concouru à la recette exonérée.

Par exemple, l'association est redevable de la T.V.A. sur l'achat d'articles de sport destinés à la réalisation d'une activité sportive.

Les obligations des associations assujetties à la T.V.A. pour tout ou partie de leurs activités

Les associations assujetties à la T.V.A. relèvent obligatoirement du régime fiscal du chiffre d'affaires réel. Cependant, lorsque leur chiffre d'affaires total annuel n'excède pas les limites du régime forfaitaire (500.000 F. pour les ventes, et 150.000 F. pour les prestations de services), elles bénéficient des allègements fiscaux suivants :

Une franchise : la T.V.A. n'est pas mise en recouvrement lorsque son montant annuel est inférieur à 1.350 F.

Une décote : le montant annuel de la T.V.A. due est réduit lorsqu'il est compris entre 1.350 F. et 5.400 F.

Dès lors que l'association réalise des opérations soumises à T.V.A., elle doit :

— souscrire une *déclaration d'existence*
— tenir une *comptabilité,*
— *déclarer périodiquement* son chiffre d'affaires,
— *payer* la T.V.A.

La déclaration d'existence

Une « déclaration d'existence » doit être envoyée par l'association à la recette des impôts dont dépend son siège social, dans le mois de la constitution de l'association, ou au plus tard dans les 15 jours du début des opérations imposables à la T.V.A.

La déclaration est rédigée sur papier libre. Elle mentionne :

— le nom et l'objet de l'association,
— la date de l'acte constitutif,
— la nature de l'activité exercée,
— l'adresse du siège social,
— le lieu d'accomplissement des opérations passibles de T.V.A..

Une copie des statuts de l'association doit être jointe à la déclaration.

Une catégorie d'associations est cependant dispensée de la déclaration d'existence. Il s'agit des associations qui respectent les deux conditions suivantes :

— elles ne réalisent des opérations imposables qu'à titre occasionnel et

— elles n'entrent pas dans le champ d'application de l'impôt sur les sociétés à 50 %.

L'obligation de tenir une comptabilité

Si aucune forme particulière n'est légalement imposée à l'association en matière de comptabilité, celle-ci doit être susceptible de justifier l'exactitude des résultats déclarés.

Aussi, lorsqu'elle réalise des opérations taxables à la T.V.A., l'association doit au minimum tenir une comptabilité en partie simple (voir infra paragraphe suivant), où elle mentionnera au jour le jour les opérations réalisées, en distinguant les opérations taxables de celles qui ne le sont pas.

L'association partiellement exonérée de T.V.A. devra constituer des secteurs distincts d'activité, en fonction de la nature de l'opération réalisée. La comptabilité devra faire apparaître les données propres à chaque secteur afin de pouvoir justifier la déclaration de chiffre d'affaires.

Déclarer le chiffre d'affaires

Selon la nature de son activité, et selon la fréquence des opérations réalisées, les obligations déclaratives sont différentes :

Nature de l'activité	Type d'opérations réalisées	Obligations déclaratives	
		modèle de déclaration	délai de dépôt
Activité permanente, ne bénéficiant ni de la franchise ni de la décote	opérations commerciales avec les tiers	imprimé CA3/CA4 mensuel ou trimestriel	au plus tard le 24 du mois suivant la période de déclaration
	ventes aux membres non exonérés	imprimé CA3/CA4 de décembre ou du 4e trimestre	au plus tard, le 24 janvier de l'année suivante
	manifestations de soutien non exonérées	imprimé CA3/CA4 occasionnel	dans les 30 jours qui suivent la date de la manifestation

Activité permanente (au moins une opération imposable par trimestre) bénéficiant de la franchise ou de la décote	opérations commerciales avec les tiers	imprimé CA13 trimestriel	au plus tard le 24 du mois suivant le trimestre
	ventes aux membres non exonérés	imprimé CA13 récapitulatif de fin d'année	au plus tard, le 24 janvier de l'année suivante
	manifestations de soutien non exonérées	imprimé CA 13 occasionnel	dans les 30 jours de la manifestation
Activité occasionnelle	opérations commerciales avec les tiers	imprimé CA13 occasionnel	dans les 30 jours de la réalisation des opérations
	ventes aux membres non exonérés	imprimé CA13 récapitulatif	au plus tard, le 24 janvier de l'année suivante
	manifestations de soutien non exonérées	imprimé CA 13 occasionnel	dans les 30 jours de la manifestation

Pour un modèle de déclaration spéciale 3528 CA 13, voir annexe 7.

Le paiement de la T.V.A.

Le versement de la T.V.A. due se fait à la recette des impôts, lors du dépôt de la déclaration mensuelle ou trimestrielle. Son montant s'obtient en retranchant le montant de la taxe déductible de celui de la taxe due au titre des opérations imposables.

Mais si le montant déductible excède celui de la taxe sur les opérations imposables, l'association peut se faire rembourser la somme excédentaire en fin d'année, lorsque ce crédit est au moins égal à 1.000 F.

Le remboursement peut même être effectué trimestriellement dans deux cas :

— si chacune des déclarations trimestrielles fait apparaître un crédit,
— si le remboursement est au moins égal à 5.000 F.

L'impôt sur les sociétés

L'association peut être soumise à l'impôt sur les bénéfices des sociétés, puisque la poursuite d'un but non lucratif n'exclut pas la réalisation de bénéfices.

La loi établit deux systèmes d'imposition spécifiques aux associations, pour :
— les profits industriels, commerciaux, et non commerciaux,
— les revenus de la gestion patrimoniale (revenus fonciers, agricoles, mobiliers).

L'imposition des revenus industriels, commerciaux et non commerciaux

Principe d'imposition et exonérations

L'association ayant une activité commerciale, industrielle, artisanale, ou non commerciale, est en principe soumise à l'impôt sur les sociétés, au taux normal de 50 %.

Elle peut toutefois être exonérée du paiement de l'impôt dans deux cas :

• Pour tous les bénéfices provenant d'activités exonérées de T.V.A.
• Pour les bénéfices ne se rattachant pas à l'exercice d'une activité lucrative.

Lorsque l'association ne réalise qu'occasionnellement des opérations commerciales (exemple : un bal annuel), on considère l'activité comme non-lucrative.

Mais lorsque des opérations commerciales sont habituellement pratiquées par l'association, elles doivent, pour être qualifiées de non-lucratives et ainsi échapper à l'impôt, respecter impérativement cinq conditions posées par la jurisprudence du Conseil d'Etat :

1. L'activité doit être exercée dans le cadre de l'activité générale désintéressée de l'association, et contribuer directement à la réalisation de son objet.
2. La gestion de l'association ne doit procurer aucun avantage matériel direct ou indirect aux membres de l'association.
3. Les opérations réalisées ne doivent pas consister en une recherche systématique de bénéfices. (par exemple, par la mise en œuvre de méthodes commerciales).
4. Les excédents de recettes doivent être réinvestis dans les activités de l'association.
5. L'association doit présenter une « utilité sociale » (par exemple : répondre à des besoins qui ne sont pas couverts normalement par le secteur commercial).

• *Déclaration et paiement de l'impôt*

L'association doit accomplir les formalités suivantes :

— souscrire une déclaration d'existence, dans les mêmes conditions que l'association soumise à la T.V.A. (voir *supra* page 43).

— tenir une comptabilité susceptible de justifier l'exactitude des résultats déclarés.

— effectuer une « déclaration annuelle de résultats », dans les 3 mois de la clôture de l'exercice, et au plus tard le 31 mars de l'année suivant l'exercice imposable.

Si l'association est soumise au régime du bénéfice réel, la déclaration se fera sur l'imprimé n° 2065, auquel seront joints les documents annexes n° 2050 à 2059 (voir annexe n° 8).

Si le chiffre d'affaires réalisé ne dépasse pas 180.000 F. pour les ventes ou 540.000 F. pour les prestations de services, l'association peut opter pour le régime simplifié d'imposition, et utiliser alors les imprimés n° 2033 NRS et 2034 NRS ,en y joignant une copie du bilan sur papier libre.

• Le paiement de l'impôt.

L'impôt sur les sociétés donne lieu au versement de 4 acomptes annuels, lorsque le montant de l'impôt correspondant aux bénéfices du dernier exercice excède 1.000 F. :

— le 15 Mars : 10 % du bénéfice de l'exercice antérieur,

— le 15 juin : 12,5 % « » ,

— le 15 Septembre : 12,5 % « » ,

— le 15 décembre : 10 % « » ,

Les associations nouvelles sont dispensées de ces versements au cours des 12 premiers mois de leur activité.

La déclaration et le paiement de l'impôt sur les sociétés se fait au Centre des Impôts du lieu du siège social de l'association.

Imposition des revenus de la gestion patrimoniale

Le principe d'imposition et les exonérations

L'association doit acquitter un impôt sur les revenus de son patrimoine immobilier (location d'immeubles, exploitations agricole ou forestière) et de ses capitaux mobiliers.

En principe, lorsque ces revenus proviennent d'une gestion patrimoniale à caractère non-lucratif (voir les conditions de cette non-lucrativité *supra* page 3), le taux de l'impôt applicable est un taux réduit à 24 %.

Dans le cas contraire, si la gestion est considérée comme lucrative, le taux applicable serait le taux normal : 50 %.

Enfin, il peut y avoir exonération totale lorsque les revenus concourent directement à la réalisation de l'objet désintéressé de l'association, et lorsqu'ils sont indissociables des autres moyens mis en œuvre pour remplir cet objet (exemple : aide à la réinsertion sociale par participation à l'exploitation d'une propriété agricole).

S'agissant des revenus du patrimoine immobilier, l'assiette de l'impôt est calculée en retranchant du revenu toutes les charges effectivement exposées au cours de l'exercice.

Pour ce qui concerne les revenus des capitaux mobiliers, leur régime fiscal peut être résumé comme suit :

Nature du revenu mobilier	retenue à la source	impôt sur les sociétés
• Intérêts de dépôt • Intérêts de créances non négociables (prêts, comptes courants, cautionnements) • Revenus de valeurs étrangères	néant néant néant	24 % 24 % 24 %
• Produits d'obligations négociables (intérêts, lots, primes de remboursement) • Intérêts de bons de caisse	10 % ou 12 % 10 %	La retenue à la source tient lieu d'impôt
• Intérêts de bons C.N.C.A. et bons du Trésor	Prélèvement obligatoire : — 46 % si l'émission est postérieure au 1.01.83 — 39 % pour une émission effectuée entre le 1.01.80 et le 31.12.82.	
• Dividendes de stés françaises • SICAV, SICOMI	non imposables (*)	

(*) Pour l'association déclarée, l'avoir fiscal ou le crédit d'impôt attaché à ces revenus ne peut être utilisé ni remboursé. Toutefois, pour l'association reconnue d'utilité publique, l'avoir fiscal est restituable.

Déclaration et paiement de l'impôt

• Déclaration

Avant le 1er avril de chaque année, une déclaration doit être établie sur les imprimés 2066 et 2070 et adressée au Centre des Impôts du lieu du siège social de l'association (voir en annexes n°9 et 10 les déclarations type 2066 et 2070).

Pour remplir dans le détail la déclaration 2070, vous pouvez utilement vous aider de la revue :

JURIS ASSOCIATIONS
N° 8 MARS/AVRIL 1984
24, rue J. Serlin
69001 LYON

• Le paiement de l'impôt.

L'impôt n'est pas mis en recouvrement lorsque son montant est inférieur à 500 F.

Si le montant est compris entre 500 F. et 1.000 F., il donne lieu à une décote égale à la différence entre 1.000 F. et le montant :

exemple :

— revenus de locations .... 2.500 F.
— montant de l'impôt avant décote .... 600 F.
— calcul de la décote :
1.000 F. – 600 F. = ... 400 F.
— montant à payer :
600 F. – 400 F. = ... 200 F.

Remarque : l'association assujettie à l'impôt sur les sociétés en raison de son activité, et qui subirait un déficit au cours d'un exercice, peut déduire ce déficit du bénéfice réalisé pendant l'exercice suivant, et, en cas de compensation insuffisante, des bénéfices réalisés sur les exercices suivants, jusqu'au cinquième exercice qui suit l'exercice déficitaire.

Pour une information plus détaillée sur la fiscalité de votre association, nous conseillons de consulter :

— L'Instruction du Ministre des Finances
B.O.D.G.I. N° 97 du 27 mai 1977
IMPRIMERIE NATIONALE
2, rue Paul Hervieu
75015 PARIS

— LE GUIDE FISCAL DES ASSOCIATIONS
(Ministère de l'Economie, des Finances et du Budget)
édité par : la DOCUMENTATION FRANÇAISE
29/31, quai Voltaire
75340 PARIS CÉDEX 07
Tél. (16-1) 42.61.50.10.

L'essentiel de votre comptabilité

En l'absence de prescription particulière de la loi de 1901, les associations n'ont pas d'oblitation légale ou formelle en matière de comptabilité.

Cependant, la tenue de documents comptables étant indispensable pour exercer un contrôle effectif sur l'association, des textes particuliers imposent l'établissement d'une comptabilité pour :

— Les associations reconnues d'utilité publique,
— Les associations subventionnées par les Pouvoirs Publics,
— Les associations agréées,
— Les associations soumises à l'impôt sur les sociétés ou assujetties à la T.V.A..

Hormis ces situations particulières, c'est à l'association qu'il revient de décider, statutairement ou en assemblée générale, de la tenue d'une comptabilité.

En pratique, même si vous ne souhaitez pas solliciter une subvention des Pouvoirs Publics, la comptabilité reste un moyen de gestion quasi-indispensable au bon fonctionnement de l'association :
— Elle permet d'obtenir une vue transparente et stable de la situation financière de l'association.
— Les états financiers (bilan, compte de résultat, budget, tableau de financement) serviront de moyen de preuve en cas de contrôle (administration fiscale, sécurité sociale).
— Elle fait apparaître les besoins de financement, pouvant ainsi justifier l'octroi d'une subvention auprès d'une collectivité locale.
— Elle rend compte de l'emploi des ressources de l'association, aux membres et aux organismes intéressés.

L'association a donc toujours intérêt à tenir une comptabilité ; si une société commerciale n'a de comptes à rendre qu'à elle-même et à l'administration fiscale, l'association doit pouvoir justifier à tout moment et à toute personne le caractère non-lucratif de son activité.

Pour toutes ces raisons, il est souhaitable que l'association adopte un système comptable simple et efficace. En effet, des systèmes différents peuvent être mis en place, selon la taille de l'association et l'importance de ses mouvements de fonds.

Dans le cas d'une association de taille modeste dont la gestion ne nécessite que peu de mouvements de fonds, une comptabilité en partie simple (appelée aussi « main-courante » ou « comptabilité recettes-dépenses ») pourra être suffisante.

La comptabilité en partie simple

La mise en place d'une comptabilité en partie simple se concrétise par l'ouverture d'un « livre-journal » où les opérations sont enregistrées chronologiquement.

On inscrira :
— La date,
— Le libellé de l'opération,
(exemple : achat de matériel de bureau)

— Le montant,
— La nature (recette ou dépense) de l'opération.

A l'ouverture du « livre-journal », les fonds possédés par l'association seront inscrits en recettes.

Pour chaque opération de gestion, vous demanderez une pièce comptable (facture, récépissé). Pour faciliter l'enregistrement, chaque pièce sera numérotée.

Exemple :

Date	Libellé	Caisse		Banque		Solde
		Rec.	Dép.	Rec.	Dép.	Général
6.05	Fonds déposés en Banque			3.000		3.000
10.05	Cotisations encaissées	400				3.400
12.05	Cotisations encaissées	1.200				4.600
15.05	Facture n° 1 papeterie		200			4.400
15.05	Versement sur compte bancaire		1.000	1.000		400
20.05	Facture n° 2 avance sur consommation EDF/GDF				800	3.600

Il est recommandé de tenir un registre des adhérents, où figureront, au fur et à mesure des adhésions :

— Le nom de l'adhérent,
— Son numéro d'enregistrement,
— La date de l'adhésion,
— Le montant de la cotisation payée.

En pratique, vous pouvez tenir votre livre-journal sur un cahier simple ; vous en numéroterez les pages ; les écritures doivent être effectuées à l'encre.

Le registre des adhérents peut également être tenu sur cahier paginé.

Ce système comptable, peu contraigant, vous permet de garder la trace de toutes les opérations effectuées et d'avoir à tout moment un solde général de votre activité.

Mais dès que l'association acquiert une certaine ampleur, sa gestion nécessite un outil plus perfectionné, permettant d'analyser de façon plus précise sa situation financière.

On utilise pour cela un système de comptabilité en « partie double », qui a l'avantage de permettre l'élaboration d'états financiers annuels, en particulier le bilan et le compte de résultat.

Le bilan et le compte de résultat

Le bilan exprime la situation financière de l'association à une date donnée, en général la date de fin d'exercice. Pour ce faire, il utilise deux séries de comptes : les comptes d'actif et les comptes de passif.

- La situation active comporte l'ensemble des biens et des créances de l'assoociation.
- La situation passive fait état des fonds qui ont permis l'acquisition des biens.

Le premier bilan doit en principe être établi à la création de l'association. C'est le « bilan d'ouverture ». Il consiste en fait en une évaluation du patrimoine de départ dont dispose l'association. (Pour le détail des opérations à réaliser pour constituer le bilan d'ouverture, on consultera utilement la revue :

Juris-Association N° 4
24, rue J. Serlin
69001 Lyon tél. (7) 78.27.00.38

— Le compte de résultat retrace les opérations de l'exploitation normale et courante de l'association pendant un exercice (c'est-à-dire une année d'activité). Il s'agit principalement des :

- Produits (ou recettes) d'exploitation (cotisations, dons, subventions de fonctionnement).
- Charges d'exploitation (frais de personnel, E.D.F., P.T.T., loyers, etc...).

Constituant la traduction chiffrée d'une année d'activité de l'association, le compte de résulat ne sera établi qu'en fin d'année, en récapitulant toutes les opérations enregistrées au cours de l'année, relatives à des comptes de charges ou de produits.

La comptabilité en partie double

Ce système de comptabilité consiste à enregistrer deux fois chaque opération de gestion de l'association.

— Tout d'abord, l'opération est enregistrée chronologiquement, au Journal Général.

— Elle est ensuite retranscrite analytiquement dans le Grand Livre, qui est composé de l'ensemble des rubriques du bilan et du compte de résultat. (ce qui permettra, en fin d'année, en additionnant simplement les sommes figurant à l'intérieur de chaque compte, de pouvoir composer le bilan et le compte de résultat).

Les opérations seront enregistrées au jour le jour jusqu'à la fin de l'exercice, sur le Journal Général. Périodiquement (une fois par semaine ou une fois par mois), elles seront reportées dans les comptes correspondant du Grand Livre. Prenons l'exemple d'une association ayant réalisé au cours d'une semaine trois opérations distinctes :

— le 5.06 : elle encaisse 1.500 F. de cotisations,
— le 8.06 : elle verse un acompte de 500 F. à un salarié.
— le 9.06 : elle règle la facture de la publication au Journal Officiel de l'extrait de sa déclaration constitutive, pour un prix de 200 F.

Elle enregistre au Journal Général :

5.06		
CAISSE	1.500	
COTISATIONS		1.500
8.06		
FRAIS DE PERSONNEL	500	
BANQUE		500
9.06		
FRAIS DE PUBLICITE	200	
BANQUE		200
A REPORTER	2.200	2.200

On reportera ensuite ces opérations dans le compte « en T » du Grand Livre.

Il existe une nomenclature des divers comptes utilisables en comptabilité. Vous pouvez la trouver, ainsi que des cahiers-types pour tenir un Journal Général et un Grand Livre, dans les librairies spécialisées.

De même, si l'importance des mouvements de fonds le justifie, vous pouvez scinder le Journal Général en plusieurs journaux auxiliaires. Par exemple : un journal de banque, un journal de caisse, un journal des opérations diverses.

En fin d'exercice, vous devrez procéder à *un inventaire,* avant de constituer le bilan de fin d'exercice et le compte de résultat.

COMPTES DE BILAN

BANQUE

	500
	200

CAISSE

1.500	

COMPTES DE RESULTAT

COTISATIONS

	1.500

FRAIS DE PERSONNEL

500	

FRAIS DE PUBLICITE

200	

Les écritures d'inventaire consistent à évaluer les *amortissements* (prise en compte de la dépréciation des immobilisations) et les éventuelles provisions (prévisions de dépenses non-encore effectuées mais rattachables à l'exercice).

Pour la mise en place de votre comptabilité et sa gestion quotidienne, nous vous conseillons de vous reporter à l'ouvrage pratique :

U.F.C.V.
COMPTABILITE ET GESTION SIMPLIFIEE DES ASSOCIATIONS
Editions Dunod
17, rue Rémy-Dumoncel BP 50
75661 Paris Cédex 14

L'association et ses membres

Le principe de la liberté d'association implique que toute personne peut adhérer à une association, et que nul ne peut être contraint de le faire. L'adhésion est donc un contrat librement conclu entre une association et une personne privée.

Mais l'adhésion à une association sous-entend l'acceptation par l'adhésion de la loi interne édictée par les statuts. Le nouveau membre doit les respecter, et il acquiert ainsi des droits et des obligations envers l'association.

Enfin, l'adhérent peut, dans certaines circonstances, être exclu de l'association. Il dispose alors de recours contre la décision d'exclusion.

L'adhésion à l'association

L'adhésion est un contrat entre 2 personnes privées : l'association et le nouvel adhérent ; l'association est donc tout à fait libre de refuser l'adhésion d'une personne qui ne lui conviendrait pas. Le candidat refusé ne peut obliger l'association à l'accepter, ni réclamer des dommages-intérêts pour ce refus.

Dans certains cas exceptionnels, prévus par la loi, l'adhésion à certaines associations est toutefois rendue obligatoire. Par exemple : l'ordonnance du 7 Janvier 1959 sur les ASSEDIC.

Qui peut adhérer à l'association ?

Du fait que les obligations contractées par les adhérents d'une association sont relativement restreintes, toutes les personnes physiques, mêmes mineures (sauf interdiction exprimée par les parents), et les personnes morales privées (autres associations, sociétés commerciales), peuvent adhérer à une association.

Depuis la loi du 9 Octobre 1981 supprimant la distinction entre associations françaises et étrangères, les étrangers peuvent de même adhérer librement à une association.

L'adhésion a un caractère personnel. Les droits et les obligations d'un adhérent ne se transmettent pas à ses héritiers, en cas de décès. Dans un tel cas, la seule obligation des héritiers vis à vis de l'association serait de payer les cotisations échues à la date du décès.

Quelle est la procédure d'adhésion à une association ?

En général, l'acquisition de la qualité de membre d'une association dépend de ce qu'ont prévu les statuts.

L'association peut être librement ouverte à tous, mais les statuts peuvent aussi fixer toutes conditions à l'admission d'un nouveau membre. Par exemple : être présenté par un certain nombre de membres de l'association, ou exercer une profession déterminée.

Il est même possible de prévoir une adhésion « à l'essai », pendant une durée déterminée (par exemple un an), avant d'admettre définitivement le nouvel adhérent.

Parfois, en surplus de la cotisation annuelle, l'adhésion donne lieu au paiement par le nouvel adhérent d'un « droit d'entrée ».

Mais plus généralement, l'adhésion se fait contre paiement de la cotisation annuelle de rigueur. Un bulletin d'adhésion sur papier libre est rempli par le nouveau membre, dans lequel il sollicite son admission à l'association et s'engage à :

— respecter les stipulations des statuts et du règlement intérieur,

— verser les cotisations demandées.

Les droits de l'adhérent

Droit aux prestations fournies par l'association

Les droits des membres sont fixés par les statuts et le règlement intérieur. Le nouvel adhérent a donc le droit de bénéficier de toutes les prestations et services prévus statutairement. Il peut assister, ou se faire représenter, aux assemblées générales.

Si des avantages statutaires étaient refusés à un membre, celui-ci pourrait demander en justice la résolution (annulation) du contrat d'adhésion, et éventuellement l'allocation de dommages et intérêts.

La responsabilité de l'association à l'égard de ses membres

Le contrat d'adhésion confère à l'association une certaine responsabilité à l'égard de ses membres, dans le cadre de l'activité associative. Cette responsabilité, dite responsabilité contractuelle, est définie à l'article 1147 du Code Civil :

« *Le débiteur (dans notre cas : l'association) est condamné, s'il y a lieu, au paiement de dommages-intérêts (à l'adhérent), soit à raison de l'inexécution de l'obligation, soit à raison du retard dans l'exécution, toutes les fois qu'il ne justifie pas que l'inexécution provient d'une cause étrangère qui ne peut lui être imputée, encore qu'il n'y ait aucune mauvaise foi de sa part.* »

Si donc l'association n'exécute pas ses obligations, ou les exécute mal, elle est responsable envers l'adhérent. Ce sera en particulier le cas lorsque l'association manque à ses obligations de soins, de prudence, de diligence.

Ces obligations s'apprécient en fonction de chaque situation particulière. En fait, l'association est considérée comme responsable des accidents qu'elle aurait dû normalement prévoir et éviter.

Par exemple, l'association est responsable du dommage physique subi par un adhérent boxeur, alors qu'elle n'avait pas fait procéder à l'examen médical habituellement préalable au combat.

Par contre, l'association « Fédération Française de Boxe » n'a pas été jugée responsable de la cécité d'un boxeur causée par les traumatismes subis au cours de sa carrière, et survenue 18 mois après le dernier combat, alors que la licence lui avait été délivrée après examen médical.

Dans le cas où le membre estime la responsabilité de l'association engagée à son égard, il pourra demander en justice des dommages-intérêts, en démontrant que l'association n'a pas respecté ses obligations contractuelles de soins ou de prudence.

Il est cependant possible d'inclure dans les statuts une « clause d'exonération de responsabilité », par laquelle l'adhérent est censé reconnaître l'irresponsabilité de l'association en cas d'accident. Mais même cette clause d'irresponsabilité n'exonère pas totalement l'association de ses obligations en la matière ; l'association resterait tenue pour responsable en cas de dol (tromperie) ou de faute lourde (une faute grave)

Par exemple, l'association sportive qui organiserait une course cycliste sur route sans prendre les précautions nécessaires pour éviter un possible accident de circulation commettrait une faute grave susceptible d'engager sa responsabilité, malgré la clause en question.

Le cas particulier des adhérents mineurs

D'une façon générale, les parents sont censés accepter les risques ordinaires de l'activité sportive de leurs enfants. En cas d'accident, l'association ne pourrait être mise en cause qu'en cas de faute de l'encadrement.

Cependant, lorsque l'activité sportive échappe à l'autorité et à la surveillance parentale, par exemple dans un centre de vacances, ce sont le Commissaire de la République, le directeur du centre, et le Président de l'association organisatrice qui sont responsables de la sécurité matérielle et morale des mineurs placés alors sous leur tutuelle temporaire. Ils assument donc la responsabilité pleine et entière de la pratique de sports à risques en centres de vacances et de loisirs.

Conclusion : Nous vous conseillons donc fortement de souscrire pour votre association une assurance responsabilité civile, permettant la couverture des risques d'accidents qui pourraient survenir dans l'activité de l'association. (voir *infra* page 110 pour la partie consacrée aux assurances à souscrire par l'association).

Droits de l'adhérent en cas de dissolution de l'association

Lorsque l'association est dissoute pour une raison quelconque, les adhérents ayant fait des apports mobiliers ou immobiliers ont le droit de reprendre leurs biens

Démission de l'adhérent

Lorsque l'association est constituée pour une durée illimitée, l'adhérent peut en démissionner à tout moment, avec pour seule obligation le paiement des cotisations échues.

Les statuts ou le règlement intérieur peuvent cependant règlementer la possibilité de démission, par exemple en imposant à l'adhérent démissionnaire de prévenir de son intention dans un délai déterminé avant la démission effective.

Les obligations de l'adhérent

Paiement des cotisations

C'est l'obligation essentielle de l'adhérent. Sa responsabilité à l'égard des tiers, par exemple pour une dette impayée de l'association, se limitera au montant de sa cotisation.

Respect des statuts et du règlement intérieur

Nous avons vu que l'adhésion à l'association impliquait l'acceptation des règles posées par les statuts et le règlement intérieur ; le membre de l'association est donc tenu de les respecter, dans le cadre de son activité associative. Les statuts peuvent prévoir, en cas de manquement à ces obligations, d'astreindre le membre fautif au paiement d'une amende. Si le manquement est grave, il peut conduire à la suspension temporaire, voir à l'exclusion de l'adhérent.

L'exclusion de l'adhérent

Dans quels cas un adhérent peut-il être exclu ?

Les cas d'exclusion peuvent être prévus par les statuts. Ce sont généralement :

— le non-paiement des cotisations,
— l'infraction aux règles posées par les statuts et le règlement intérieur,
— un motif grave, à l'appréciation d'une instance de l'association (assemblée générale, conseil d'administration).

La notion de « motif grave » est librement appréciée par l'association. Ce peut être un acte portant atteinte aux intérêts financiers, sportifs, ou même moraux, de l'association.

Par exemple, un membre qui tenterait de porter atteinte à l'honneur du président de son association par des écrits diffamatoires, ou encore l'utilisation à titre personnel et lucratif du matériel de l'association, malgré l'interdiction signifiée au fautif.

La procédure d'exclusion

Les statuts déterminent l'instance habilitée à prononcer l'exclusion. En tout état de cause, le membre doit être à même de présenter sa défense. Il doit donc être convoqué et informé de l'objet de la réunion au cours de laquelle doit être décidée son exclusion. Cette convocation est obligatoire, même si elle n'a pas été prévue dans les statuts.

La convocation doit comporter :
— le lieu et la date de la réunion prévue,
— les faits reprochés à l'adhérent,
— la sanction proposée.

En cas d'inobservation de cette formalité essentielle, la décision d'exclusion serait annulée par le tribunal.

La convocation doit être mentionnée dans le procès-verbal de la réunion.

De quels recours dispose l'adhérent

Si l'association est adhérente d'une fédération, l'adhérent exclu peut demander à la fédération de ramener la mesure d'exclusion.

Mais dans tous les cas, l'adhérent dispose d'un recours devant le Tribunal de Grande Instance.

Le tribunal examinera tout d'abord si la procédure d'exclusion a été régulièrement suivie dans ses formes.

De plus, depuis une décision de la Cour de Cassation du 16 mai 1972,le juge s'autorise à contrôler le motif même de l'exclusion, et peut donc décider que la sanction prononcée par l'association n'est pas justifiée.

En cas d'exclusion jugée irrégulière, le juge peut sanctionner l'association de trois manières :
— en annulant la décision d'exclusion,
— en prononçant une astreinte à l'encontre de l'association, jusqu'à réintégration de l'exclu (l'astreinte consiste en la fixation d'une somme d'argent que l'association devra régler pour chaque jour de retard apporté à la réintégration de l'adhérent).
— en allouant à l'adhérent des dommages-intérêts, si celui-ci prouve que l'exclusion lui a causé un préjudice.

Les cotisations, les dons et les legs

Le financement de l'association peut être assuré par divers types de ressources :
— les cotisations des adhérents,
— les dons et legs au bénéfice de l'association,
— les diverses activités de l'association (en voir le détail au chapitre suivant),
— des subventions, accordées discrétionnairement par les pouvoirs publics.

Si la loi règlemente peu la perception des cotisations, un régime strict est en revanche mis en place quant à l'octroi de dons et de legs à l'association.

Les cotisations

La cotisation annuelle

La loi de 1901 *autorise* l'association à percevoir des cotisations. C'est donc une faculté qu'a l'association, qui peut très bien, si ses ressources sont par ailleurs suffisantes à son financement, ne pas demander à ses adhérents le paiement d'une cotisation périodique.

Le montant de la cotisation peut être fixé par les statuts, par le règlement intérieur, ou, si une clause statutaire le prévoit, par le Conseil d'Administration.

La somme peut être fixe, ou déterminée chaque année en fonction des besoins de l'association. Elle peut aussi être revalorisée périodiquement en fonction de certains indices, comme c'est le cas, par exemple, pour les cotisations ASSEDIC.

Il est en outre possible de prévoir des montants de cotisations différents, en fonction de la qualité des membres. Par exemple, une cotisation de base pour les membres actifs, et une cotisation majorée pour les membres bienfaiteurs.

Des cotisations plus élevées peuvent être demandées aux adhérents personnes morales, en fonction par exemple, de la prestation fournie à la société ou à l'association adhérente.

Le paiement de la cotisation statutaire est une obligation pour l'adhérent, et les statuts prévoient généralement la radiation du membre qui ne s'en acquitterait pas. En cas de démission, l'adhérent reste redevable de la cotisation pour l'année en cours, et éventuellement des cotisations impayées des années précédentes.

Le cas particulier de l'association non déclarée

L'association non déclarée a aussi la possiblité de percevoir des cotisations. Cependant, n'ayant pas la personnalité morale, les cotisations ne lui appartiendront pas en propre, elles resteront la propriété collective des associés.

Le régime fiscal des cotisations

En principe, la perception de cotisations ne donne pas lieu à impôt.

Mais dans le cas où des prestations de type commercial seraient fournies par l'association aux adhérents, en contrepartie de leur cotisation, et dans les mêmes conditions qu'une société commerciale, il y aurait lieu à paiement de la T.V.A. sur la cotisation, et éventuellement de l'impôt sur les sociétés.

Le rachat des cotisations

Le rachat des cotisations consiste en la possibilité offerte au membre de l'association de verser une somme déterminée à l'association, en conséquence de quoi il serait dispensé de verser les cotisations annuelles.

L'association pourrait ainsi percevoir des sommes importantes, ce qui serait susceptible de constituer des donations déguisées. Or l'association simplement déclarée n'a pas le droit de recevoir des dons ; le législateur a donc limité le montant du rachat à 100 F.

Bien entendu, cette disposition enlève tout intérêt pratique à la formule du rachat des cotisations, puisque souvent la seule cotisation annuelle est supérieure à 100 F.

Le rachat des cotisations est toutefois autorisé, sans limitation de montant, pour les associations reconnues d'utilité publique.

Le droit d'entrée

Les statuts peuvent subordonner l'adhésion d'un nouveau membre au paiement d'une somme supplémentaire à la cotisation ordinaire. C'est la pratique du « droit d'entrée », autorisée par la loi. Le droit d'entrée est généralement prévu par l'association lorsqu'elle a dû, à sa constitution, faire de gros effrots financiers pour acquérir des terrains, locaux, ou matériels, que les nouveaux adhérents trouveront à leur disposition et qu'ils aideront ainsi à amortir.

Les dons et les legs

Si toute association régulièrement déclarée peut disposer à titre gratuit de ses biens, sous la seule réserve que cette opération entre bien dans le cadre de son objet, il n'en est pas de même lorsqu'elle désire en accepter.

Cette acceptation est réglementée, dans son principe et dans ses modalités.

Quelles sont les associations habilitées à recevoir des dons et des legs ?

Seule l'association reconnue d'utilité publique est en principe autorisée à accepter des dons et des legs. C'est d'ailleurs là la différence essentielle entre une association reconnue d'utilité publique et une association simplement déclarée. Cette dernière ne bénéficie pas de cette possibilité, à moins d'y avoir été autorisée par un texte particulier.

La loi prévoit en effet que les associations simplement déclarées poursuivant *un but d'assistance ou de bienfaisance,* pourront percevoir des dons et des legs dans les mêmes conditions que les associations reconnues d'utilité publique.

Sont considérées comme poursuivant un but d'assistance ou de bienfaisance :
— les unions d'associations familiales,
— les centres de lutte contre le cancer,
— les associations culturelles,
— les associations de bienfaisance,
— les œuvres de guerre,
— les associations pour l'enseignement technique,
— les centres techniques industriels,
— les groupements professionnels pour un meilleur emploi de la main d'œuvre,
— les associations d'aide à la construction,

— les fédérations départementales de pêche et de pisciculture.

D'autre part, une association simplement déclarée, lorsqu'elle est affiliée à une association reconnue d'utilité publique, peut demander à celle-ci de recevoir en son nom des dons ou des legs.

Pour pouvoir bénéficier de ce régime de faveur, l'association doit avoir inséré dans ses statuts des clauses aux termes desquelles elle s'oblige à :

— présenter ses registres et pièces de comptabilité sur toutes réquisition du ministère de l'Intérieur ou du préfet.
— adresser au préfet un rapport annuel sur sa situation et ses comptes financiers.
— laisser visiter ses établissements par les délégués des ministères compétents et leur rendre compte du fonctionnement de ces établissements.

D'autre part, une enquête administrative préalable peut être effectuée afin de vérifier si l'objet de l'association qui sollicite l'autorisation est exclusivement l'assistance ou la bienfaisance.

Cas particulier des associations non déclarées

N'ayant pas de capacité juridique, elles ne peuvent valablement recevoir des libéralités.

Dans tous les cas où le principe de la donation ou du legs est admis par la loi, l'association doit encore solliciter une *autorisation administrative,* préalable à son acceptation. Cette exigence est impérative, quelle que soit la cause du don ou du legs. Seuls les dons minimes, en nature ou en espèces, sont dispensés d'autorisation administrative.

Quelle est la procédure à suivre ?

L'association doit effectuer une demande d'autorisation à la préfecture du lieu de son siège social. Les services préfectoraux délivrent l'autorisation administrative. En cas de refus d'autorisation, un recours est ouvert à l'association.

La demande d'autorisation de recevoir un don

La demande doit comporter les pièces suivantes :

— un écrit de l'association mentionnant l'acceptation provisoire de la donation, sous la condition suspensive de l'approbation administrative.
— un certificat de vie du donateur.
— la situation familiale et patrimoniale du donateur, indiquant s'il existe des héritiers réservataires, et, dans l'affirma-

tive, précisant que la donation proposée ne porte pas atteinte à la réserve légale des héritiers.
— L'estimation (par le notaire ou par un expert) de la valeur de la donation lorsqu'elle porte sur un immeuble.
— La délibération du Conseil d'Administration de l'association se prononçant sur l'acceptation de la donation et sur toutes ses suites (exécution des charges éventuelles, emploi, etc...).
— Les statuts et les pièces financières de l'association, ainsi qu'une copie du décret de reconnaissance pour les associations reconnues d'utilité publique, ou de l'insertion de la déclaration au Journal Officiel pour les associations simplement déclarées.

La demande d'autorisation d'accepter un legs

Elle doit être accompagnée des pièces suivantes :
— une copie du testament, certifiée par le notaire dépositaire.
— Le bulletin de décès du testateur.
— Les pièces justifiant l'accomplissement des formalités de publicité à l'égard des héritiers connus et inconnus.
— Un état des forces et charges de la succession si le legs est à titre universel, ou un état mentionnant la consistance des biens légués en cas de legs particulier portant sur un bien autre qu'une somme d'argent.
— La délibération du Conseil d'Administration se prononçant d'une manière claire et complète sur la forme de l'acceptation de la libéralité (par exemple, acceptation « sous bénéfice d'inventaire », ou acceptation « pure et simple »), et sur les modalités de liquidation de l'actif successoral.
— Les pièces financières de l'association couvrant les trois derniers exercices.
— Une copie des statuts et du décret de reconnaissance (pour une association reconnue d'utilité publique) ou de l'insertion de la déclaration au Journal Officiel (pour une association déclarée).

L'autorisation administrative

L'autorisation est accordée par :
— Le préfet du département où est situé le siège social de l'association lorsque le montant de la libéralité est inférieur à 3 millions de francs.
— Décret en Conseil d'Etat lorsque le montant excède 3 millions de francs.

En cas de legs à une association, les héritiers qui s'estimeraient lésés peuvent soumettre une réclamation au préfet. L'autorité de tutelle appréciera le cas en fonction des intérêts respectifs des parties en cause. Elle rendra une décision qui peut être :

— l'autorisation pure et simple, donnée à l'association, d'accepter le legs.
— le versement d'une allocation de secours aux héritiers.
— la « réduction administrative » de la libéralité (seule une quote-part du montant du legs est attribuée à l'association).
— le refus d'autorisation.

Les recours contre la décision administrative

En cas de refus d'autorisation, l'association peut, dans le délai d'un mois à compter de la notification de l'arrêté préfectoral, former un recours administratif devant le Ministre de l'Intérieur, qui statuera par décret pris après avis du Conseil d'Etat.

Le même recours peut être formé, au cas où l'autorisation serait accordée, par les héritiers du légataire.

Le régime fiscal des dons et des legs

La perception par l'association d'un don ou d'un legs donne en principe lieu au paiement d'un impôt dit « droit de mutation à titre gratuit ». Certaines associations peuvent en être exonérées. De leur côté, les particuliers et les entreprises qui consentent des dons à des associations peuvent en voir le montant déduit de leur revenu imposable, ce qui constitue un argument non négligeable pour le dirigeant sollicitant d'une personne privée une donation.

Le principe de l'imposition et les cas d'exonération

En principe, les associations bénéficiant d'un don ou d'un legs doivent acquitter un droit de mutation à titre gratuit dont le montant est :
— 35 % jusqu'à 150.000 F.
— 45 % au delà de 150.000 F.

Les textes prévoient cependant l'exonération de plusieurs types d'associations, en particulier :
— les associations reconnues d'utilité publique dont les ressources sont exclusivement affectées à des œuvres culturelles ou artistiques, sous réserve de l'agrément du Ministère de l'Economie et des Finances.
— Les associations dont les ressources sont exclusivement affectées à des œuvres scientifiques à caractère désintéressé, sous réserve de l'agrément du Ministère de l'Economie, des Finances et du Budget.
— Les associations poursuivant un but d'assistance et de bienfaisance.

— Les associations d'enseignement supérieur reconnues d'utilité publique.
— Les associations culturelles.

Déduction des dons effectués par les particuliers aux associations

Les particuliers assujettis à l'impôt sur le revenu sont autorisés à déduire du montant de leur revenu imposable les dons accordés à certaines associations :
— Les œuvres et associations d'intérêt général à caractère philantropique, éducatif, scientifique, social, familial ou culturel.
(contre-exemples : les dons effectués au profit d'une association ayant un objet politique, ou d'une association sportive utilisant des joueurs professionnels, ne seraient pas déductibles).

Le montant de la déduction autorisée peut atteindre un maximum de 1 % du revenu imposable, pour les dons effectués à ce type d'associations.

— Lorsque les associations mentionnées ci-dessus sont reconnues d'utilité publique, le montant maximum de la déduction est porté à 5 % du revenu imposable.

Ces deux déductions de 1 % et de 5 % ne peuvent être cumulées.

D'autre part, lorsque le montant des dons exède 1 %, le contribuable est tenu de joindre à sa déclaration annuelle de revenus les pièces justificatives des dons effectués.

Il est conseillé à l'association de délivrer au donateur un reçu, non fourni par l'administration mais dont le modèle est fixé par l'arrêté du 21 Janvier 1982 (Journal Officiel du 14 Mars 1982).

Le format recommandé est de 15 x 21 centimètres. Le reçu doit notamment comporter :
— les indications relatives à la reconnaissance d'utilité publique, portées de façon très lisible.
— l'objet de l'association, exprimé de façon explicite s'il ne découle pas directement de la désignation de l'association.
— l'adresse du donateur, complète.
— La signature du bénéficiaire, qui peut être imprimée ou apposée par cachet.

(voir le modèle de reçu reproduit en annexe n° 11).

La déduction des dons effectués par les entreprises aux associations

En principe, les dons et subventions consentis par les entreprises ne constituent pas des charges déductibles du chiffre d'affaires, dès lors qu'ils ne sont pas versés dans l'intérêt direct de l'entreprise ou de son personnnel.

Par exception au principe, certaines entreprises sont autorisées à pratiquer la déduction des dons versés aux associations visées par l'article 238 Bis 1 du Code Général des Impôts.

Ce même article de loi expose en outre des modalités de déduction spécifiques aux entreprises.

Enfin, l'administration autorise l'entreprise à opter pour le régime de déduction propre aux particuliers (voir *supra* page 63).

• Quelles sont les entreprises autorisées à pratiquer la déduction ?

— les entreprises qui relèvent de l'impôt sur les bénéfices industriels et commerciaux.
— les personnes morales passibles de l'impôt sur les sociétés.
— les personnes qui exercent une activité non commerciale (par exemple, les professions libérales).
— les agriculteurs imposés d'après le régime du bénéfice réel.

• Quelles sont les associations pouvant bénéficier de dons déductibles ?

Ce sont les œuvres et les associations d'intérêt général et à caractère philantropique, éducatif, scientifique, social, familial ou culturel, qu'elles soient simplement déclarées ou reconnues d'utilité publique.

• Quelles sont les modalités d'application de la déduction ?

Le montant maximum de la déduction d'un don versé aux associations sus-mentionnées est de 1 ‰ du chiffre d'affaires de l'entreprise donatrice.

D'autre part, une déduction supplémentaire d'un montant maximum de 2 ‰ est autorisée pour les versements effectués au profit d'organismes et associations de recherche scientifique ou technique agréées à cet effet par le Ministère de l'Economie et des Finances.

Ces deux déductions peuvent se cumuler ; le total de la déduction peut donc atteindre 3 ‰ du chiffre d'affaires.

Pour les entreprises donataires, le chiffre d'affaires pris comme base de calcul s'entend T.V.A. incluse.

Pour les entreprises réalisant des bénéfices agricoles ou non commerciaux, on prendra comme base de calcul le montant des recettes brutes.

• La possibilité d'option pour le régime de déduction propre aux particuliers.

Les personnes dont les revenus proviennent d'une activité commerciale, industrielle, non commerciale ou agricole ont le choix entre le régime de déduction propre aux particuliers (déduction maximale : 5 % du revenu global imposable), et le régime propre aux entreprises (déduction maximale : 3 ‰ du chiffre d'affaires). Cette option est libre. Elle peut être modifiée chaque année.

L'association et la justice

« *Toute association régulièrement déclarée peut, sans aucune autorisation spéciale, ester en justice* ».

(article 6 de la Loi de 1901).

Dès lors que votre association est déclarée, vous pouvez donc agir en justice contre toutes personnes physiques ou morales, et ce devant toutes les juridictions (civiles, commerciales, administratives). L'association peut de même être citée devant les tribunaux.

Mais l'association, comme toute personne privée agissant en justice, doit avoir un intérêt déterminé à défendre. La loi prévoit donc quelles sont les actions ouvertes à l'association.

D'autre part, il convient de respecter les règles de procédure spécifiques aux associations.

Quels types d'actions l'association peut-elle engager devant les tribunaux ?

Défense d'un intérêt propre à l'association

Tout d'abord, l'association dispose de toutes les actions nécessaires à la défense de ses intérêts patrimoniaux. Par exemples, agir contre un voisin empiétant sur le terrain dont l'association est propriétaire, ou poursuivre devant les tribunaux un débiteur indélicat de l'association.

Défense de l'intérêt collectif des membres de l'association

D'autre part, l'association peut agir dans le but de défendre les intérêts communs de ses membres, dès lors que :

— les membres de l'association ont subi collectivement un préjudice,

— l'action reste dans la limite de l'objet social de l'association.

Par exemple, une association de chasseurs peut poursuivre

des braconniers chassant sur un territoire loué par l'association, car tous les membres de l'association, chasseurs, subissent de ce fait un préjudice.

Ce préjudice peut d'ailleurs être *antérieur* à la constitution de l'association. Par exemple, l'association regroupant les victimes d'un incendie et agissant contre les responsables du dommage.

Ici, l'association défend en fait la somme des intérêts individuels de ses membres.

Mais il n'est pas indispensable que tous les membres aient personnellement souffert d'un préjudice. Il suffit que ce préjudice porte atteinte à un certain nombre d'entre eux, à l'objet social de l'association, et constitue une menace à l'égard de tous les membres de l'association.

Défense d'intérêts généraux

C'est en principe le Ministère Public (représentant la société) qui est habilité à défendre des intérêts d'ordre général, comme par exemple les « intérêts moraux de la Résistance ».

Cependant, des textes spéciaux accordent exceptionnellement à certaines associations le droit d'intenter une action pour la poursuite d'infractions se rapportant à leur objet social. Les membres de l'association ne sont pas personnellement atteints par les infractions poursuivies, mais l'association est investie par la loi d'un rôle de défenseur de certains intérêts généraux de la société.

C'est le cas des associations pour la protection de la nature, ou pour la défense des intérêts des consommateurs.

Ces textes spéciaux précisent les conditions à respecter par les associations susceptibles d'agir dans un but d'intérêt général ; par exemple, les associations de lutte contre le racisme doivent être régulièrement déclarées depuis au moins 5 ans à la date des faits.

D'autres associations sont tenues d'avoir obtenu la reconnaissance d'utilité publique, par exemple les associations pour la défense de la moralité publique.

D'une façon générale, l'association, pour obtenir le droit d'agir dans les domaines d'intérêt général visés par les textes, doit être agréée par les pouvoirs publics. Les dommages et intérêts octroyés par les juges dans ce type d'affaires sont alloués à l'association et doivent lui servir à la poursuite de son but d'intérêt général.

Comment agir en justice ?

La représentation de l'association devant les tribunaux

Ce sont les statuts qui désignent le membre ou le groupe de membres habilités à représenter l'association en justice. En l'absence de désignation statutaire, c'est le président qui représente de droit l'association. Les statuts peuvent d'ailleurs prévoir de subordonner le déclenchement d'une action à l'autorisation d'un organe de l'association, généralement le Conseil d'Administration.

Pour introduire une instance, l'assignation devra être rédigée au nom du président, agissant *en sa qualité de représentant légal de l'association.*

De même, c'est à lui, et à l'adresse du siège social de l'association, que devront être faites les citations de personnes voulant assigner l'association en justice.

Compétence des tribunaux

L'association étant une personne morale de droit privé, ce sont les tribunaux judiciaires qui sont compétents pour les litiges opposant l'association à des personnes physiques, à d'autres personnes morales de droit privé (par exemple : d'autres associations), ou à certains de ses membres.

L'association s'adressera donc au tribunal de grande instance ou au tribunal d'instance, suivant la nature et le montant de l'affaire.

Si c'est l'association qui est poursuivie en justice, le demandeur devra l'assigner devant le tribunal dans le ressort duquel se trouve le siège social de l'association.

L'aide judicaire

Comme les personnes physiques, les associations dont les ressources ne dépassent pas un certain plafond peuvent bénéficier d'une aide judicaire totale ou partielle, selon la juridiction saisie, et selon le montant de ses ressources.

Pour apprécier les ressources de l'association, il est tenu compte de toutes les ressources perçues au cours de la dernière année civile, après déduction des dépenses effectivement supportées pour son fonctionnement.

Pour obtenir l'aide judicaire, vous devez en faire la demande au secrétariat du Procureur de la République dans le ressort duquel est située l'association, et y joindre une *déclaration de ressources* indiquant notamment :

— l'identité de l'association,
— l'identité du représentant légal,
— l'énumération complète et détaillée des ressources de toute nature perçues au cours de la dernière année civile.
— la nature et l'importance des biens mobiliers et immobiliers de l'association,
— une copie des comptes annuels ou du budget prévisionnel de l'association.
(l'imprimé de déclaration de ressources peut être retiré au secrétariat du Procureur de la République).

En cas de problèmes particuliers en ce domaine, nous vous conseillons de consulter :

JURIS ASSOCIATIONS
24, rue J. Serlin
69001 LYON
Tél. (7) 78.27.00.38

— Les consultations gratuites d'avocats à la mairie du siège de l'association :

S.O.S. AVOCATS 43.29.33.00.

3/ Droits et obligations dans les actes usuels de l'association

La vie quotidienne d'une association amène ses dirigeants à assumer de nombreuses activités dont la nature est parfois loin de l'objet initial qui justifia sa création.

Employer du personnel, louer un local, organiser un bal, monter une kermesse, éditer, transporter... multiples peuvent être les actes et parallèlement les obligations qui en découlent.

Certes, les « leaders » associatifs ont de l'imagination et l'esprit d'entreprise et pour les responsabilités, ils assurent !

Faut-il encore, pour être efficace, connaître et appliquer la réglementation, sinon... ?

Disposer d'un local

L'association devant financer ses acquisitions par ses ressources propres, il lui est généralement difficile de se porter acquéreur des locaux nécessaires à son fonctionnement. Alors en cas de ressources financières limitées, que faire ?

Si vous avez réuni quelques fonds lors de la constitution de l'association, il est toujours possible de louer votre local.

Si vos ressources sont minimes, une seule règle : « la débrouille » !

Démarcher les personnes susceptibles d'être intéressées par votre projet, intercéder auprès des collectivités locales qui mettent souvent des locaux à la disposition des associations, peuvent être les moyens de résoudre le problème.

En tout état de cause, disposer d'un local acheté, loué ou prêté implique certaines obligations administratives et fiscales, et quelques précautions, notamment quant aux assurances à souscrire.

L'association achète des locaux

Quels types de locaux l'association est-elle autorisée à acquérir ?

La loi de 1901 limite le droit de l'association à acquérir et posséder des immeubles (terrains ou constructions).

Ainsi, l'association déclarée ne peut acheter que :

— le local destiné à l'administration et à la réunion de ses membres,

— les immeubles *strictement* nécessaires à l'accomplissement du but qu'elle se propose.

Par exemple, une association sportive peut être propriétaire du bureau destiné à son administration, des locaux et terrains de sport où ses membres viendront s'entraîner ; elle ne peut par contre acquérir des immeubles à seule fin de les louer à usage d'habitation, pour en tirer des revenus.

S'agissant des associations reconnues d'utilité publique, la loi est plus libérale. Elles sont autorisées à acquérir les immeubles nécessaires à leur objet, ainsi que des bois, forêts, ou terrains à boiser.

Obligations administratives et fiscales lors de l'acquisition d'un local

• Toute acquisition d'immeuble par l'association doit être déclarée, dans les 3 mois de l'achat, à la Préfecture du département où à la sous-Préfecture de l'arrondissement où l'association a son siège social (voir annexe n° 12, pour un modèle de déclaration).

• Sur le plan fiscal, l'association est généralement redevable de la Taxe de Publicité Foncière, au taux ordinaire de 13,80 %.

S'ajoutent à cette taxe :

— la taxe départementale de 1,6 %,
— la taxe communale de 1,2 %,
— la taxe régionale variant selon les régions de 0,50 % à 1,6 %,
soit au total, un droit de 16,6 %.

Un régime spécial est cependant institué au profit des associations suivantes :

— les associations reconnues d'utilité publique ayant pour objet l'assistance, la bienfaisance ou l'hygiène sociale.
— les associations déclarées affiliées à une des associations reconnues d'utilité publique mentionnées ci-dessus. L'association déclarée doit alors justifier son affiliation en produisant une attestation de l'association reconnue d'utilité publique datant de moins d'un mois.

Ces associations doivent acquitter la taxe de publicité foncière au taux réduit de 2 %. Elles restent cependant redevables des taxes départementale, communale et régionale au taux normal.

Enfin, les associations agréées au titre de l'aide sociale par la Direction Départementale de l'Action Sanitaire et Sociale bénéficient d'un régime fiscal de faveur ; la taxe de publicité foncière due par ces associations est ramenée à 0,60 %.

Les obligations de l'association propriétaire

Lorsque l'association est propriétaire des locaux qu'elle occupe, il lui est tout d'abord fortement conseillé de les assurer (voir *infra* page 113).

Surtout, elle peut être redevable de plusieurs taxes annuelles assises sur la valeur des locaux :

— taxe foncière,
— taxe d'habitation,
— taxe professionnelle.

La taxe foncière

Tout propriétaire d'immeuble, même lorsque ce propriétaire est une association, doit s'acquitter de la taxe foncière sur les propriétés bâties. Il est de même redevable de la taxe foncière sur les propriétés non-bâties lorsqu'il est propriétaire de terrains.

Il existe toutefois des dispositions particulières, s'agissant des associations :

• Tout d'abord, l'association bénéficie d'une exonération de taxe foncière de 2 ans, pour toute construction *nouvelle*.

• D'autre part, certaines associations bénéficient d'une exonération permanente de taxe foncière. Ce sont :
— Les associations de mutilés de guerre ou du travail reconnues d'utilité publique, pour les bâtiments affectés à l'hospitalisation de leurs membres.
— Les associations syndicales de propriétaires pour la reconstruction des immeubles d'habitation partiellement ou totalement détruits par suite d'actes de guerre.
— Les édifices affectés à l'exercice du culte.

La taxe d'habitation

L'association est assujettie à la taxe d'habitation dès lors que ses locaux sont *meublés* et affectés à son *usage privatif,* c'est-à-dire à l'usage interne des membres de l'association.

Ainsi, le bureau servant à l'administration de l'association entrera dans le calcul de la taxe d'habitation.

Par contre, une salle d'exposition ouverte au public n'est pas considérée comme un local à usage privatif, et n'entrera donc pas dans le calcul de la taxe.

L'association est toutefois exonérée de la taxe d'habitation lorsqu'elle est par ailleurs assujettie à la taxe professionnelle.

La taxe professionnelle

L'article 2 de la loi n° 75-678 du 29 juillet 1975, instituant la taxe professionnelle, stipule :

« *La taxe professionnelle est due chaque année par les personnes physiques ou morales qui exercent à titre habituel une activité professionnelle non salariée.* »

Cette taxe est calculée sur la base de la valeur locative des locaux et des éventuels salaires versés par l'association.

Dès lors que l'association exerce son activité dans les conditions normales d'une profession commerciale, elle est redevable de la taxe professionnelle. Par exemple, l'association exploitant un cinéma donnant des représentations quotidiennes et régulières, payantes, et ouvertes au public.

Par contre, lorsque l'association n'exerce que des activités à caractère non-lucratif (voir la non-lucrativité de l'association, *supra* page 3), elle n'est pas redevable de la taxe professionnelle ; en effet, l'activité non-lucrative n'a pas de caractère professionnel puisqu'elle n'est pas réalisée dans un but d'enrichissement personnel.

Le local est loué par l'association

Le régime juridique et fiscal de la location

• Juridiquement, l'association peut librement contracter une location avec un quelconque propriétaire.

Elle ne bénéficie cependant pas de la protection accordée aux locataires par la loi du 22 juin 1982 (loi « QUILLIOT », car celle-ci ne s'applique qu'aux *personnes physiques* occupant personnellement les lieux loués.

S'agissant d'un local soumis aux dispositions de la loi du 1er septembre 1948, l'association pourra se prévaloir de certains droits :

— Le droit au maintien dans les lieux, accordé aux personnes morales exerçant une activité désintéressée (article 8).

— La réglementation de la révision du loyer (article 37).

• Fiscalement, l'association peut être concernée par deux types de taxes :

— Elle est assujettie à la *taxe d'habitation,* dans les mêmes conditions que l'association propriétaire (voir *supra* page 74). Elle est d'ailleurs redevable de cette taxe quel que soit le titre ou la forme de son occupation : par exemple, si une collectivité locale met à la disposition de l'association un local de réunions, c'est à cette dernière qu'il revient de payer la taxe d'habitation.

L'association, exerçant une activité non-lucrative, n'est normalement pas redevable de la *taxe additionnelle au droit de bail,* perçue au profit de l'Agence Nationale pour l'Amélioration de l'Habitat, car elle n'exerce aucune profession dans les locaux loués. (Cour de Cassation : 3 janvier 1984, Annales des Loyers n° 1, 1985, p. 99).

Ne pas oublier...

• L'assurance des locaux (voir le chapitre consacré aux assurances).

• Mettre au nom de l'association l'abonnement E.D.F. G.D.F., et surtout l'abonnement téléphonique P.T.T., permettant ainsi à l'association de voir son nom figurer dans l'annuaire.

Le local est prêté à l'association

L'association peut obtenir le prêt d'un local ou d'un terrain appartenant à un particulier ou à une collectivité locale. Les communes peuvent ainsi mettre à la disposition de l'association des locaux publics, gratuitement.

Par exemple, les locaux scolaires peuvent être utilisés par une association. Celle-ci en fera la demande au maire de la commune qui, après consultation du Conseil d'Etablissement ou d'Ecole, pourra autoriser l'association à y exercer ses activités, en dehors des heures réservées aux activités scolaires normales.

Dans tous les cas, c'est le prêteur qui doit veiller à ce que les locaux prêtés soient correctement assurés.

Le local est « apporté » à l'association

L'*apport d'un immeuble* à une association consiste pour une personne à transmettre un local ou un terrain à l'association qui en devient alors propriétaire, sous réserve que l'immeuble soit rendu à l'apporteur en cas de dissolution de l'association.

L'apport n'est donc ni un don, puisqu'il n'est pas irrévocable, ni un prêt, puisque c'est l'association qui devient propriétaire de l'immeuble apporté.

Un régime fiscal spécial s'applique à l'association bénéficiaire d'un apport immobilier.

— Si l'apport est effectué par une personne physique ou une personne morale non soumise à l'impôt sur les sociétés, il donne lieu à la perception d'un droit d'apport calculé comme suit :

Droit de mutation à taux réduit	8,60 %
Taxe départementale	1,60 %
Taxe communale	1,20 %
soit	11,40 %

L'apport donne lieu, de plus, à la perception d'une taxe régionale de taux variable, selon la région.

— Si l'apporteur est une société soumise à l'impôt sur les bénéfices des sociétés ou une association, le droit d'apport est fixé à 1 %.

Enfin, l'association devenant propriétaire de l'immeuble apporté, elle est redevable des taxes annuelles de droit commun : taxe foncière, taxe d'habitation, et éventuellement taxe professionnelle.

Employer du personnel

L'association utilisant un personnel salarié, à mi-temps ou à temps plein, acquiert la situation d'employeur, avec les nombreuses obligations administratives, fiscales et sociales qui en découlent.

Il y a donc lieu de distinguer avec précision le statut de salarié des autres statuts qui peuvent s'appliquer aux collaborateurs de l'association, comme les bénévoles.

Qu'est-ce qu'un salarié ?

C'est une personne dont la situation professionnelle réunit les 3 conditions suivantes :

— Elle fournit un travail,
— moyennant une rémunération,
— en étant subordonnée à l'autorité de son employeur.

Ainsi par exemple, une attachée de presse, indépendante, assurant la publicité d'un spectacle organisé par l'association n'est pas salariée, car elle n'est pas soumise dans l'exécution de son travail à l'autorité de l'association commanditaire. De fait, elle réalise, moyennant un prix global réglé sur présentation d'une facture, une prestation de service. Cette prestation ne comportera comme obligation fiscale particulière que le paiement éventuel de la T.V.A. par l'association.

Mais surtout, la définition du salarié permet de le distinguer du bénévole. Lorsque le travail effectué n'est pas rémunéré (sauf remboursement de frais effectivement engagés), le collaborateur n'est pas considéré comme salarié de l'association.

Ces distinctions sont d'une grande importance, s'agissant de déterminer si la législation sociale va ou non s'appliquer aux collaborateurs rétribués par l'association. D'autre part, l'association devra s'acquitter de diverses formalités administratives, et sera assujettie à plusieurs types de charges fiscales et sociales.

Le personnel de l'association

D'une façon générale, l'emploi d'un personnel salarié est réglementé par une législation sociale relativement contraignante. Des dispositions spéciales sont cependant mises en place pour aider les associations à embaucher du personnel.

Par ailleurs, des règles particulières régissent les rapports entre les salariés et les membres de l'association, notamment quant à la compatibilité de la fonction de salarié avec celle de dirigeant ou d'administrateur.

Qui embauche et comment ?

Le salarié doit être embauché selon les termes d'un *contrat de travail* passé avec son employeur. La loi n'imposant pas de formes particulières au contrat de travail, celui-ci peut être conclu oralement. *Il est toutefois fortement conseillé* de la consigner par écrit (contresigné par les deux parties) afin d'établir clairement les engagements de chacun.

Il est normalement conclu pour une durée indéterminée, à temps complet ou à temps partiel.

La rémunération minimale légale (S.M.I.C.) est au 1er avril 1985 de 24,90 F. de l'heure, soit, pour un emploi à temps complet, 4.208,10 F. par mois pour 169 heures.

Il n'est possible d'employer un salarié pour une durée déterminée que dans certaines situations limitativement énumérées par la loi. Il s'agit principalement des cas suivants :

— Remplacement d'un salarié absent temporairement.
— Surcroît exceptionnel d'activité.
— Certains emplois particuliers où l'embauche pour un laps de temps déterminé est d'usage : spectacles, restauration, formation.

Cependant, pour faire face à un marché de l'emploi en crise, des dispositions spéciales ont été prises, favorisant l'embauche de personnel dans les associations :

• *Aides à l'embauche d'un demandeur d'emploi*

Si vous embauchez, même à temps partiel, un demandeur d'emploi inscrit à l'A.N.P.E., l'association peut bénéficier d'une aide financière.

Pour les modalités d'attribution de cette aide, se renseigner auprès de l'A.N.P.E. locale.

• *Les travaux d'utilité collective (TUC)*

L'association est habilitée à offrir aux jeunes de 16 à 21 ans des emplois à mi-temps, pour une durée déterminée pouvant varier entre 3 et 12 mois ; c'est la formule des Travaux d'Utilité Collective, dont la rémunération est prise en charge par l'Etat. Au 1er juin 1985, cette rémunération s'élève à 1.200 F., que l'association a la faculté de compléter d'une somme ne dépassant pas 500 F.

Pour une information plus détaillée, nous vous conseillons de contacter :

INITIATIVES TUC
9, rue Georges-Pitard
75015 PARIS

ou de téléphoner, aux heures de bureau, à :

INFO-TUC 16 (1) 45.63.05.05.

• *Les contrats emploi-formation*

Un contrat d'emploi-formation peut être passé entre l'association, l'administration et un jeune sans-emploi de 18 à 25 ans. En contrepartie d'un certain nombre d'heures de formation fournies par l'association à son employé, celle-ci bénéficie d'une prise en charge partielle du salaire par l'Etat, ainsi que d'avantages fiscaux.

L'organisme compétent en la matière est la Direction Départementale du Travail et de l'Emploi du lieu du siège de l'association.

Les salariés et les membres de l'association

Il est communément admis qu'un salarié puisse sans inconvénient être membre de l'association qui l'emploie.

Cependant, l'association « loi 1901 » ayant un but non-lucratif, la question se pose de savoir si la fonction de salarié est *compatible* avec celle de dirigeant ou d'administrateur. En effet, il y a lieu de craindre que des personnes rétribuées par l'association aient la tentation de privilégier leur intérêt pécuniaire plutôt que le but désintéressé de l'association.

C'est pourquoi les membres du bureau, président, secrétaire et trésorier sont toujours *bénévoles* et ne peuvent recevoir aucune rémunération de l'association, sauf remboursement de frais effectivement engagés et justifiés.

Qu'en est-il des administrateurs ?

La réponse est ici plus nuancée. A priori, un salarié peut, par élection de l'assemblée générale, entrer au Conseil d'Administration de l'association. Le cumul des deux fonctions étant possible, un administrateur peut donc être embauché par son association à titre de salarié. Il y a lieu cependant de veiller à ce que l'importance des salariés ne soit pas prépondérante au sein du Conseil d'Administration, toujours dans le souci d'éviter une éventuelle dénaturation de l'objet social de l'association.

Démission et licenciement

La démission

Le salarié d'une association, titulaire d'un contrat de travail à durée indéterminée, peut librement démissionner de son emploi. Il doit informer l'association de démissionner de façon non équivoque, généralement par une lettre de démission datée et signée de sa main. Il doit alors accomplir la durée fixée pour le préavis de démission (généralement 1 mois).

L'association peut le dispenser d'accomplir ce mois de préavis, auquel cas elle n'est pas redevable de la rémunération afférente à cette période de travail non effectuée. Elle est cependant toujours redevable de l'indemnité compensatrice des congés payés échus et dont le salarié démissionnaire n'a pas bénéficié.

Le licenciement

Le licenciement d'un salarié est possible dès lors que l'employeur justifie d'une « cause réelle et sérieuse » : par exemple, une faute grave du salarié, ou son inaptitude professionnelle.

L'employeur doit adresser une lettre recommandée avec accusé de réception au salarié, manifestant ainsi officiellement son intention. Si le motif du licenciement est disciplinaire, il doit l'indiquer dans la lettre et recevoir l'employé pour un entretien préalable au licenciement.

Le salarié estimant que son licenciement n'est pas justifié, ou est abusif, dispose d'un recours en justice devant le Conseil des Prud'hommes.

En cas de licenciement pour une cause économique, une autorisation préalable au licenciement doit être sollicitée de l'Inspection du Travail.

Sauf faute « lourde » (faute particulièrement grave) du salarié, l'employeur doit respecter le délai de préavis de rigueur, et régler les indemnités compensatrices de congés payés.

Afin d'éviter les risques de litige consécutifs à une démission ou à un licenciement, il est fortement conseillé à l'employeur de faire signer au salarié un *reçu pour solde de tout compte,* lors de son départ de l'association. (voir, pour modèle, l'annexe n° 13).

L'association est par ailleurs tenue de remettre *un certificat de travail* au salarié, lors de son départ définitif.

Les obligations fiscales et sociales de l'association

Fiscalement, l'emploi d'un personnel salarié peut donner lieu au versement de diverses taxes.

En outre, l'association, comme tout employeur, est assujettie au paiement de charges sociales pour tout salaire versé à ses employés.

Taxe sur les salaires

La taxe sur les salaires est une charge fiscale due par tout employeur non assujetti à la T.V.A..

Elle est calculée sur la base de toutes les rémunérations perçues par les salariés : salaires, indemnités, avantages en nature.

Son taux est progressif :
— 4,25 % pour la fraction de la rémunération annuelle brute inférieure à 32.800 F.
— 8,50 % pour la fraction comprise entre 32.800 F. et 65.600 F.
— 13,60 % pour la fraction supérieure à 65.600 F.

Un système de prorata permet de calculer la taxe sur les salaires due par les associations exonérées de T.V.A. pour une partie seulement de leurs recettes.

L'association assujettie à la taxe sur les salaires doit établir une *déclaration mensuelle* (imprimé n° 2501 reproduit en annexe n° 15), et la faire parvenir, accompagnée du règlement, à la Caisse du Comptable du Trésor (Perception) locale.

Prenant en compte la modestie des ressources des associations à caractère non-lucratif, la loi a institué certaines mesures d'allègement à leur profit :

• *Un abattement de 3.000 F.*

« *La taxe sur les salaires due par les associations Loi 1901 n'est exigible au titre d'une année que pour la partie de son montant dépassant 3.000 F.* »
(article 9 de la Loi de Finances pour 1983).

Si votre association est redevable de la taxe sur les salaires, vous pouvez donc vous abstenir du paiement des premières mensualités jusqu'à concurrence de 3.000 F.

• *Exonération des salaires versés à l'occasion de manifestations de bienfaisance ou de soutien*

Comme en matière de T.V.A., l'association organisant des manifestations faisant appel à la générosité du public afin de se procurer des moyens financiers exceptionnels est exonérée de la taxe sur les salaires. Cette exonération ne s'applique qu'aux salaires des personnes recrutées à cette occasion, pour la durée de la manifestation. Elle est d'autre part limitée à six manifestations organisées dans l'année.

La taxe d'apprentissage

La taxe d'apprentissage est une charge fiscale instituée pour financer les formations technologiques et professionneles. Doivent s'en acquitter toutes les personnes physiques ou morales exerçant une activité génératrice de bénéfices industriels ou commerciaux.

Les associations, ne poursuivant de but commercial, sont donc en principe exonérées de la taxe d'apprentissage ; seules celles qui sont assujetties à l'impôt sur les sociétés au taux de 50 % doivent s'en acquitter.

Si c'est le cas de votre association, vous serez redevable de la taxe à un taux de 0,6 % de l'ensemble des salaires versés, et devrez effectuer à cet effet une déclaration annuelle. (Imprimé n° 2482 de la Direction Générale des Impôts).

Les charges sociales sur les salaires versés

Les charges sociales dues pour le versement d'un salaire sont supportées en partie par le salarié et en partie par l'employeur. Elles sont versées périodiquement par l'employeur aux organismes collecteurs.

Ainsi, la charge globale que supporte l'association rénumérant des salariés (appelée « masse salariale » se décompose comme suit :

<table>
<tr><td colspan="3">MASSE SALARIALE</td></tr>
<tr><td colspan="2">SALAIRES BRUTS</td><td>Part patronale des charges salariales</td></tr>
<tr><td>SALAIRES NETS</td><td>part salariale des charges sociales</td><td></td></tr>
<tr><td>← chèques aux salariés</td><td colspan="2">← chèques aux organismes collecteurs</td></tr>
</table>

• La part patronale des cotisations sociales : c'est une charge sociale directement supportée par l'employeur et calculée proportionnellement au montant des salaires bruts versés.
• La part salariale des cotisations sociales (appelée aussi « précompte ») : ce sont les cotisations dues par le salarié. elles sont en fait prélevées par l'employeur sur le salaire brut et versées directement aux organismes collecteurs (ASSEDIC, URSSAF, Caisses de Retraite). Le salarié ne perçoit donc effectivement que la différence entre le salaire brut et la part salariale des cotisations sociales. C'est cette différence qui constitue le salaire « net ».

Taux des charges sociales assises sur les salaires,
au 1er janvier 1986

Nature de la cotisation	assiette	taux		
		employeur	salarié	total
• *Sécurité sociale*				
— maladie	salaire total	12,60 %	5,50 %	18,10 %
— vieillesse	plafond mensuel 9.060 F	8,20 %	5,70 %	13,90 %
— veuvage	salaire total	néant	0,10 %	0,10 %
— allocations familiales	plafond mensuel 9.060 F	9,00 %	néant	9,00 %
— accidents du travail	plafond mensuel 9.060 F	taux var.	néant	taux var.
TOTAL		29,80 %	11,30 %	41,10 %
• *ASSEDIC*	plafond mensuel 36.240 F	4,08 %	1,92 % jusqu'à 8.730 F 2,42 % entre 8730 et 34.920 F	6,00 % jusqu'à 8.730 F 6,50 % entre 8730 et 34.920 F
• *Garantie des des salaires*	plafond mensuel 36.240 F	0,35 %	néant	0,35 %
• APEC	plafond trimest. 27.180 F	38,58 F (forfait annuel) +	25,72 F (forfait annuel) +	64,30 F +
	tranche de 27180 à 108.720 F	0,036 %	0,024 %	0,060 %

Dans un souci de bonne gestion, l'association doit donc prendre en compte le coût global, charges fiscales et sociales comprises, d'un emploi salarié. Si, par exemple, vous embauchez une personne chargée de l'administration de l'association pour un salaire brut mensuel de 5.000 F., les charges afférentes à ce salaire seront (chiffres arrondis) :

— part salariale des cotisations sociales . . . . 750 F.
— part patronale des cotisations sociales . . . . 1.900 F.
— taxe sur les salaires . . . . 350 F.

TOTAL. 3.000 F.

Le salarié percevra donc un salaire net de 4.250 F., alors qu'il coûtera globalement 7.250 F. par mois à l'association.

Les obligations administratives de l'association-employeur

L'association employant du personnel doit s'acquitter périodiquement de diverses obligations administratives, relativement contraignantes mais impératives : déclarations auprès des administrations concernées, tenue de registres à conserver au sein de l'association, délivrance de bulletins de salaires aux salariés.

Formalités administratives lors de l'embauche

Formalités concernant l'employé

Si la personne nouvellement embauchée n'a jamais été immatriculée à la Sécurité Sociale, l'association doit demander sous huitaine à la Caisse Primaire de Sécurité Sociale du lieu de résidence du salarié son immatriculation. La caisse la notifiera à l'employeur, et adressera à l'employé sa carte d'immatriculation.

Si la personne est déjà immatriculée, l'association se contentera d'aviser, toujours sous huitaine, la Caisse Primaire de Sécurité Sociale de l'embauche du salarié.

Formalités concernant l'association

L'association embauchant son premier salarié doit accomplir plusieurs démarches destinées à la faire connaître des administrations concernées :

1. Demande d'immatriculation auprès des organismes sociaux :

• URSSAF : l'employeur est tenu de demander son immatriculation à l'Union pour le Recouvrement des Cotisations Sociales et Familiales (URSSAF) dans les 8 jours de la première embauche.

L'URSSAF procèdera à l'inscription de l'association auprès de l'INSEE, qui attribue :

— un numéro national d'identification (numéro « SIRENE »),
— un numéro d'établissement (« SIRET ») qui devra figurer sur tous les documents émis par l'association,
— un numéro de code « A.P.E. » correspondant au secteur d'activité de l'association.

• ASSEDIC (organisme collectant les fonds assurance-chômage) : la déclaration à l'ASSEDIC doit se faire dans les 2 mois suivants la première embauche.

• Les Caisses de Retraite (non cadres et cadres). La déclaration doit être souscrite dans les 3 mois suivants la première embauche.

Pour connaître à :

L'ARRCO
44, boulevard de la Bastille
75012 PARIS Tél. 16 (1) 43.46.13.20.

2. Informer l'Inspection du Travail, par une déclaration d'existence souscrite sur l'honneur.

3. Adhérer à un Service de Médecine du Travail.
Toute personne nouvellement embauchée doit subir un examen médical déterminant son aptitude à l'emploi envisagé. Une visite de contrôle devra être effectuée chaque année.

4. S'informer auprès de la Caisse Régionale d'Assurance Maladie du taux de cotisations « accidents du travail » à payer pour les salariés, en fonction du secteur d'activité de l'association et des risques d'accident spécifiques.

Les registres à tenir au sein de l'association

L'association employeur doit tenir plusieurs registres de renseignements sur son personnel salarié, occasionnel ou vacataire.

• *Registre du personnel*

Mentionne les entrées et les sorties de personnel, y compris les salariés de moins de 18 ans et les travailleurs à domicile.

Il doit être conservé 4 ans.

• *Registre des étrangers*

Regroupe les informations concernant les travailleurs étrangers. La non-tenue de ce registre est passible d'amende pénale (300 à 600 F).

Le registre doit être conservé 4 ans.

• *Registre des salariés*

Reproduit les mentions indiquées sur les bulletins de salaire.

Il doit être tenu par ordre chronologique, et être visé par le Tribunal d'Instance.

Il doit être conservé 10 ans.

• *Classeur médical*

Regroupe les fiches d'aptitude délivrées aux salariés lors des visites médicales annuelles.

Il doit être conservé 3 ans.

• *Dossier Inspection du Travail*

Il est laissé à la disposition de l'Inspection du Travail qui y notera ses remarques lors de ses visites de contrôle.

Vous pouvez vous procurer les registres en question dans les papeteries spécialisées.

Les bulletins de salaires

Il doivent être rédigés par l'employeur sur des modèles pré-imprimés en vente dans le commerce. Ils comportent diverses mentions obligatoires :

— Nom et adresse de l'association,
— son numéro d'INSEE,
— nom du salarié,
— emploi occupé,
— période et nombre d'heures de travail auxquels se rapporte la rémunération versée,
— nature et montant des diverses primes,
— montant du salaire brut,
— date du paiement du salaire,
— date de congé et montant de l'indemnité correspondante lorsqu'une période de congé annuel est comprise dans la période de paie considérée,
— référence de l'organisme auquel l'employeur verse les cotisations de Sécurité Sociale,
— calcul de la part salariale des cotisations sociales,
— montant du salaire net.

Voir, en annexe n° 16, un exemple de bulletin de salaire versé à l'employé d'une association.

Les bordereaux de versement des cotisations sociales

L'association doit établir périodiquement des bordereaux, totalisant et récapitulant les montants des cotisations sociales afférentes aux salaires versés.

La périodicité en est mensuelle lorsque l'association emploie 10 salariés ou plus. Elle est trimestrielle pour les associations employant moins de 10 salariés.

Dans ce dernier cas, les bordereaux doivent parvenir aux organismes collecteurs avant le 15 avril, le 15 juillet, le 15 octobre et le 15 janvier de l'année suivante, accompagnés des versements dus pour chaque trimestre.

Ces bordereaux, pré-imprimés, sont à votre disposition dans chacun des organismes collecteurs (URSSAF, ASSEDIC, Caisses de Retraite).

La déclaration annuelle

L'association qui a versé au cours d'une année civile des salaires ou autres rémunérations imposables doit effectuer une déclaration annuelle pour l'ensemble de ces rémunérations.

Cette déclaration, faite en plusieurs exemplaires, doit être adressée d'une part à la Direction des Services Fiscaux du siège de l'association, et d'autre part à l'URSSAF.

Elle doit parvenir à l'administration avant le 1er février de chaque année.

L'imprimé servant à l'établissement de la déclaration annuelle est le « D.A.S.1 »), fourni par l'administration fiscale et accompagné d'une notice « D.A.S.5 » explicitant le détail des mentions à porter sur le D.A.S.1.

La déclaration fera notamment apparaître :
— le nom de chaque salarié,
— sa rémunération nette annuelle, ainsi que les indemnités pour frais d'emploi qu'il a pu percevoir pendant l'année.
— le montant des cotisations sociales afférentes aux salaires versés.

L'utilité de cette déclaration apparaît dans les éventuelles régularisations qu'elle permet d'opérer quant aux cotisations sociales dues.

Elle permet d'autre part à l'administration fiscale de recouper les déclarations de revenus des salariés de l'association.

Le dirigeant d'association doit être particulièrement attentif au respect de cette formalité. En effet, le défaut ou le retard de production de la déclaration, et les éventuelles omissions ou inexactitudes, sont sanctionnées par des amendes fiscales supérieures à 25 % du montant des sommes non déclarées.

Editer un bulletin

L'édition d'un périodique est un outil essentiel à la promotion de la vie associative. On évalue à 300.000 titres le nombre de publications de la presse associative, du bulletin de liaison trimestriel à titre restreint jusqu'aux 985.000 exemplaires des « Messages du Secours Catholique ».

Le rôle d'un bulletin d'association est multiple : promotion des activités, liaison entre les membres, immage de marque de l'association, information générale. De plus, l'édition d'un bulletin peut constituer une source de revenus (abonnements, publicité, petites annonces) pour l'association éditrice.

De manière générale, les publications périodiques sont régies par la loi du 29 juillet 1881 sur la liberté de la presse.

Dans la mesure où votre projet en la matière se limite à une édition de quelques pages polycopiées, à usage interne, distribuée gratuitement aux membres de l'association, il n'est pas indispensable de vous astreindre à toutes les démarches administratives de déclaration de la publication. Mais si votre ambition est de créer un bulletin plus conséquent, vendu aux membres comme aux personnes extérieures à l'association, et comportant des encarts publicitaires, il y a lieu, sous peine de sanctions pénales, de procéder à la déclaration du périodique. D'ailleurs, cette formalité conditionne l'inscription à la Commision Paritaire des Publications et Agences de Presse, ce qui vous permettra de bénéficier des quelques allègements fiscaux et postaux institués au profit de la presse associative.

La déclaration du bulletin de l'association

Toute association éditant régulièrement un journal ou une revue doit se soummetre à un certain nombre de formalités spécifiques aux entreprises de presse.

Ainsi, conformément à la loi du 29 juillet 1881, l'association éditrice doit procéder à une déclaration avant même la parution du premier numéro.

Les formalités à accomplir sont les suivantes :

Le dépôt du titre de la publication

Le titre de la publication doit être déclaré auprès du Procureur de la République du Tribunal de Grande Instance du lieu où le bulletin sera imprimé. La déclaration doit être établie en 5 exemplaires (dont un sur papier timbré) signés par le directeur de la publication. elle doit comporter les mentions suivantes :

— titre de la publication,
— sa périodicité,
— les nom, date et lieu de naissance, domicile, nationalité, du directeur de la publication,
— les nom et adresse de l'imprimeur.

Le Parquet délivrera *un récépissé* de la déclaration. Toute modification de titre, changement de directeur de la publication ou d'imprimeur doivent de même être déclarés dans les 5 jours.

Il est possible, par prudence, de faire vérifier si le titre n'a pas déjà été déposé ; l'organisme à consulter est :

La Direction Des Marques
9, Rue du Delta
75009 Paris.

Afin de protéger le nom de votre publication, vous pouvez par ailleurs en déposer le titre auprès de :

L'Institut National De La Propriété Industrielle
32, rue des Trois-Fontanot
92016 Nanterre Cédex.

La nomination d'un directeur de la publication

Toute publication périodique doit avoir *un directeur de la publication*. Il doit être français, majeur, jouir de ses droits civiques, et avoir un domicile certain.

Généralement, le directeur de la publication est le président de l'association ; mais le Conseil d'Administration peut mandater à cette fonction toute autre personne, dès lors qu'elle répond aux conditions requises.

Le directeur de la publication est responsable de délits commis au titre des lois sur la presse (par exemple, le délit de diffamation), l'auteur de l'article incriminé n'étant considéré que comme complice.

Les mentions légales devant figurer sur chaque exemplaire du bulletin

Chaque exemplaire doit obligatoirement comporter un « ours », c'est-à-dire un encadré mentionnant :

— le nom et le domicile de l'imprimeur,
— le mois et l'année d'édition,
— la mention des mots : « dépôt légal », suivie de l'année et du mois de la formalité de dépôt,
— le numéro ISSN (voir infra),
— le numéro d'ordre dans la série des travaux de l'imprimeur,
— le nom du directeur de la publication,
— les noms des membres de la rédaction,
— le numéro de Commission Paritaire lorsqu'on en bénéficie.

Le dépôt légal

Avant la diffusion effective de chaque publication, le directeur de la publication doit faire parvenir :

— 4 exemplaires à la Bibliothèque Nationale,
Régie du Dépôt Légal
Département des Périodiques
53, rue de Richelieu
Paris Cédex 02

— 1 exemplaire à la Préfecture. Pour les publications éditées à PARIS, l'envoi se fera au :

MINISTÈRE DE L'INTÉRIEUR
Régie du Dépôt Légal
3, rue Cambacères,
75008 PARIS

D'autre part, le directeur de la publication devra faire parvenir à ces organismes *une déclaration annuelle* énumérant l'ensemble des numéros parus du 1er janvier au 31 décembre.

Le numéro « ISSN »

Un des services de la Bibliothèque Nationale, le Centre National d'Enregistrement des Publications en Série, attribue à chaque publication un numéro international normalisé d'identification (en anglais, International Standard Serial Number, ou ISSN). Ce numéro est l'une des mentions à faire figurer obligatoirement sur chaque exemplaire de la publication.

Le dépôt administratif

Pour les publications paraissant au moins une fois par mois, il y a lieu d'expédier 4 exemplaires, en franchise postale :

— Pour les associations éditant leur bulletin à PARIS, au

SERVICE JURIDIQUE DE L'INFORMATION
69 rue de Varenne
75007 PARIS

— Pour les associations éditant leur bulletin dans un chef-lieu de département ou d'arrondissement, à la Préfecture ou la Sous-Préfecture.

— Pour les autres associations, à la Mairie du lieu d'édition.

Le dépôt judiciaire

2 exemplaires de chaque numéro publié doivent être adressés par le directeur de la publication au Parquet du Tribunal de Grande Instance du lieu d'édition.

L'inscription à la commission paritaire

La « Commission Paritaire des Publications et Agences de Presse » est un organisme habilité à délivrer un numéro de Commission Paritaire, qui permet à l'association respectant certaines conditions de bénéficier d'allègements fiscaux et postaux.

Les conditions d'obtention du numéro de Commission Paritaire

— La publication doit avoir « un caractère d'intérêt général quant à la diffusion de la pensée : instruction, éducation, information, récréation du public » (article 72, annexe III du Code Général des Impôts).

En pratique, cela signifie que l'association doit consacrer au moins 50 % de la surface totale de la publication à *l'information générale* ; les articles considérés ne doivent pas faire de référence directe à l'association, car ils seraient considérés alors comme une « publicité faite à soi-même ».

— La publication ne doit pas consacrer plus de 50 % de sa surface à des réclames ou annonces publicitaires.

— La publication doit être réalisée conformément aux lois sur la presse, notamment par le respect des obligations de déclaration et de dépôt légal.

— La périodicité minimale doit être d'une parution par trimestre.

— La publication doit être habituellement offerte au public à un prix marqué ou par abonnement. De plus, l'abonnement doit être facultatif pour les membres de l'association, et ne peut donc être souscrit en contrepartie de la cotisation statutaire. En pratique, il faut donc que l'abonné ait manifesté clairement son intention d'acquérir le bulletin, en rédigeant un bulletin d'abonnement distinct de sa demande d'adhésion à l'association, ou, qu'à tout le moins, il ne soit pas contraint de prendre un abonnement lors de son adhésion.

Les formalités d'inscription à la Commission paritaire

La demande d'inscription doit être adressée à :

COMMISSION PARITAIRE DES PUBLICATIONS ET AGENCES DE PRESSE
14, boulevard de la Madeleine
75008 PARIS.

Le dossier devra comprendre :

— une lettre de demande d'inscription rédigée sur papier libre,

— une photocopie du récépissé du dépôt du titre,

— un questionnaire, fourni par la Commission Paritaire, sur les caractéristiques de la publication,

— une photocopie des statuts de l'association,

— un exemplaire de bulletin d'adhésion et d'offre d'abonnement,

— un exemplaire des six derniers numéros parus. Si la publication est nouvelle, six exemplaires répartis sur les premiers numéros parus.

Le régime postal de la presse associative

L'association éditant une publication inscrite à la Commission Paritaire doit solliciter, auprès des P.T.T., le bénéfice du régime postal préférentiel pour l'expédition de ses publications. Elle adressera au Directeur Départemental des P.T.T. dont relève le bureau de poste de dépôt des envois un dossier de demande, au moins 10 jours avant la date du premier envoi.

Le dossier comprendra :
— une demande d'enregistrement, dont le modèle est fourni par l'administration des P.T.T.,
— une photocopie du certificat d'inscription à la Commission Paritaire,
— 2 exemplaires de la publication.

Généralement, l'administration des P.T.T. agrée la demande de l'association, dès lors que la publication est régulièrement inscrite à la Commission Paritaire. Elle impose cependant des conditions de présentation et de diffusion rigoureuses. Ainsi, le nombre d'exemplaires déposés simultanément doit être supérieur à 1.000, sauf pour les envois à l'intérieur d'un même département, auquel cas le chiffre minimal est de 100. De même, il est demandé à l'association éditrice de trier et enliasser les envois par départements de destination (ou par arrondissements, pour PARIS, LYON et MARSEILLE), et par villes de plus de 50.000 habitants.

Pour une information complète sur les modalités de routage et les tarifs postaux, vous pouvez vous renseigner auprès de :

> La Direction Commerciale De La Poste » Mission Presse »
> 39, rue Boissière
> 75016 Paris TEL. 16 (1) 47.04.53.45.

Le régime fiscal de la presse associative

Les allègements fiscaux institués au profit de la presse associative sont réservés aux publications disposant d'un numéro de Commission Paritaire. Il existe donc, en fait, deux régimes fiscaux distincts, selon que la publication soit ou non à la Commission Paritaire.

Le régime fiscal des publications non-inscrites à la Commission Paritaire

La publication non inscrite est *exonérée* de la T.V.A. sur ses recettes, à la condition expresse que les annonces et réclames ne couvrent jamais plus des deux tiers de la surface du bulletin, et que l'ensemble des annonces et réclames d'un même annonceur ne soit jamais, dans une même année, supérieur au dizième de la superficie totale des numéros parus durant cette année.

L'association bénéficiant de l'exonération de T.V.A. pour sa publication ne pourra cependant prétendre aux :
— allègements de tarifs postaux,
— exonération de la taxe sur les salaires versés à l'occasion de la réalisation du bulletin,
— déduction de T.V.A. sur les achats et investissements nécessaires à la fabrication des bulletins.

Par ailleurs, les recettes provenant de la publicité restent soumises à la T.V.A. au taux de 18,60 % ; seule pourra être déduite de celle-ci la taxe afférente aux achats de biens et services nécessaires à la réalisation des recettes publicitaires.

Enfin, au cas où la publication comporterait, pour plus des 2/3 de sa surface, des encarts publicitaires, l'association est soumise à la T.V.A. de droit commun, aussi bien pour ses recettes publicitaires que pour les autres revenus provenant de l'édition du bulletin.

Les publications inscrites à la Commission Paritaire

Comment bénéficier du régime fiscal préférentiel ?

L'association éditant une publication inscrite à la Commission Paritaire doit solliciter *une demande d'obtention du régime fiscal préférentiel réservé à la presse,* auprès de la Direction des Services Fiscaux dont relève le Siège Social de l'association.

Le dossier de demande comprendra :
— une lettre de demande rédigée sur papier libre et en double exemplaire,
— une photocopie du certificat d'inscription à la Commission Paritaire,
— deux exemplaires de la publication.

Généralement, l'administration fiscale agrée la demande de l'association, dès lors que l'inscription à la Commission Paritaire est régulière.

L'association bénéficie alors, pour la publication considérée, d'allègements fiscaux matérialisés par des taux préférentiels en matière de T.V.A. et par la possibilité de déduire toutes les charges afférentes à la réalisation de la publication.

Quels sont les taux applicables en matière de T.V.A. ?

— Les abonnements et ventes au numéro d'exemplaires partant pour l'étranger sont totalement exonérés de T.V.A.,
— taux de 4 % pour les abonnements et ventes au numéro, y compris les numéros spéciaux et les éventuels suppléments.
— taux de 7 % pour la cession d'informations à caractère non publicitaire, à condition qu'elles soient utilisées par des publications inscrites à la Commission Paritaire (par exemple, des droits d'auteurs pour la reproduction d'articles).
— taux de 18,60 % pour toutes recettes publicitaires et pour les petites annonces.

Quelles sont les charges déductibles ?

Malgré l'application de taux réduits quant aux recettes, l'association peut déduire toute la T.V.A. grèvant les charges supportées à l'occasion de la réalisation du bulletin :

— Exonération de la taxe sur les salaires du personnel affecté à la rédaction, fabrication, et administration de la publication.
— Déduction de la T.V.A. acquittée sur : les frais de fabrication (par exemple, l'impression), les charges d'expédition (par exemple les frais de routage), les investissements, les frais de publicité. On peut encore déduire le prorata des charges communes de l'association, pour la partie affectée à la réalisation du bulletin (par exemple, déduction d'une partie des charges d'électricité ou de secrétariat).

En matière de déclaration et de paiement de la T.V.A., les obligations sont les mêmes que pour les autres ressources assujetties à la T.V.A. (voir *supra* page 38).

Conclusion : le système fiscal institué pour la presse associative est criticable. En effet, en contrepartie des quelques avantages octroyés, l'association est soumise à des contraintes administratives et comptables, compliquant la gestion et augmentant le prix de revient du bulletin ; de plus, ce système concourt à la limitation des possibilités d'expression des publications associatives, par le droit de regard dont dispose la Commission Paritaire quant au contenu de celles-ci. C'est pourquoi plusieurs groupements nationaux d'associations demandent une réforme du statut de la presse associative. Leurs propositions sont actuellement à l'étude.

Les adresses utiles

— Pour aider et former les rédacteurs de publications associatives :

Le Centre De Formation Et De Documentation
Pour La Presse Associative
5, boulevard Voltaire
75011 Paris Tél. 16 (1) 43.57.71.04.

Le centre organise toute l'année des stages, tels que « écriture et techniques journalistiques », « faire son journal de A à Z ».

— Pour une information plus détaillée :

Le Guide Du Créateur De Publications
Service Juridique et Technique de l'Information
La Documentation Française,
Paris 1983

— et :U.J.J.E.F.

L'Union Des Journaux Et Journalistes
D'Entreprise De France
5, avenue de l'Opèra
75001 Paris
Tél. 16 (1) 42.60.47.05.

— Pour solliciter, dans certaines conditions, une carte de journaliste, permettant de bénéficier notamment de la couverture juridique et sociale prévue par la Convention Collective des Journalistes, ainsi que d'avantages fiscaux importants, s'adresser à :

La Commission De La Carte D'Identité Des Journalistes Professionnels
10, rue des Pyramides
75001 Paris Tél. 16 (1) 42.60.31.07

Faire la fête

Les fêtes, les manifestations culturelles, les rencontres sportives sont des moments privilégiés dans la vie de l'association. Elles vous permettront, bien sûr, de passer de très bons moments, mais aussi de promouvoir les réalisations de l'association, et lui procurer des ressources nécessaires à son développement.

Mais pour les responsables de l'association, faire la fête signifie toujours un important surcroît de travail. Autorisation administratives, obligations fiscales, sécurité des participants à la manifestation : tous les aspects organisationnels devront en être soigneusement étudiés, permettant ainsi à la fête de remporter le plus franc succès !

Comment organiser une manifestation associative

Les « manifestations » organisées par les associations « loi 1901 »

On entend par « manifestations » les réalisations à caractère exceptionnel de l'association : bal, spectacle, vente de charité, kermesse, concert, tombola...

Elles peuvent comporter un but de bienfaisance (par exemple, une journée pour l'enfance handicapée), ou simplement rechercher le soutien que le public apportera par sa présence et sa participation financière.

La manifestation peut s'étaler sur plusieurs jours, tout en conservant son caractère unique. Par exemple, l'organisation pendant une semaine, d'une exposition de créations d'art proposées à la vente.

Par ailleurs, une règlementation particulière régit l'organisation de tombolas, loteries, lotos ; en effet, ce sont des formes de jeux de hasard, normalement interdits par la loi du 21 Mai 1836.

Cependant, aux termes du Décret du 14 Février 1949, des autorisations exceptionnelles peuvent être accordées par l'administration, lorsque le capital mis en jeu est limité :

— Lorsque le capital mis en jeu est inférieur à 50.000 F, une dérogation peut être accordée par arrêté préfectoral.

— Entre 50.000 F et 100.000 F, la dérogation peut être accordée par arrêté du Ministère de l'Intérieur.

— Au dessus de 100.000 F, la dérogation ne pourra être accordée que par un arrêté interministériel.

Si votre projet est d'organiser une telle manifestation, vous devrez adresser une demande d'autorisation au maire de la commune où aura lieu le tirage, qui la transmettra à l'autorité compétente pour accorder la dérogation.

L'ouverture d'un débit de boissons temporaire

Installer, pendant la durée de la manifestation, une buvette payante peut permettre à l'association de couvrir les frais d'organisation de la fête. Il existe toutefois une règlementation restrictive en la matière ; ainsi, il est interdit d'ouvrir un débit de boissons, permanent ou temporaire, à proximité immédiate de certains édifices publics, tels que les terrains de sport ou les édifices de culte.

L'association devra donc demander *une autorisation municipale* pour pouvoir ouvrir une buvette pendant le temps d'une manifestation. Le maire sollicité est habilité à délivrer cette autorisation, laquelle sera toujours assortie d'*une licence de première ou deuxième catégorie :*

— La licence de première catégorie. C'est la « licence de boissons sans alcool », n'autorisant la vente à consommer sur place que des boissons du premier groupe définies par le Code des Débits de Boissons. Il s'agit notamment des eaux minérales, gazéifiées, jus de fruits non fermentés, sirops, infusions, lait, café, thé, chocolat, etc...

— La licence de deuxième catégorie. C'est la « licence de boissons fermentées », autorisant la vente à consommer sur place des boissons du premier groupe (énumérées ci-dessus) et celles du deuxième groupe : vin, bière, cidre, poiré, jus de fruits fermentés comportant de un à trois degrés d'alcool.

Une fois l'autorisation et la licence temporaire obtenues, il y aura lieu de déclarer l'ouverture de la buvette à la Recette des Impôts de la commune où se déroulera la manifestation ; l'autorisation municipale devra être jointe à la déclaration.

Cette formalité vous permettra de bénéficier, pour les recettes provenant de la buvette, du régime fiscal régissant les manifestations associatives.

Le régime fiscal des manifestations organisées par les associations « loi 1901 »

La Taxe sur la Valeur Ajoutée (T.V.A.)

L'association, à l'occasion des manifestations organisées, réalise des actes de nature commerciale : vente d'objets divers, exploitation d'une buvette, perception de droits d'entrée, recettes publicitaires, location de stands.

Conformément à la règlementation fiscale, ces actes sont, de par leur nature commerciale, assujettis à la T.V.A.. Mais afin de ne pas pénaliser les associations organisatrices en leur imposant les mêmes obligations fiscales qu'aux sociétés commerciales, le Code Général des Impôts prévoit l'exonération totale de T.V.A. pour 6 manifestations de l'association organisées pendant une même année. En contrepartie de l'exonération, l'association ne peut récupérer la T.V.A. acquittée sur les achats nécessaires à l'organisation de la manifestation exonérée.

La taxe sur les salaires

Les salaires versés à l'occasion des manifestations exonérées de T.V.A. ne sont pas assujettis à la taxe sur les salaires. Mais attention : cette exonération ne s'applique qu'aux versements de salaires occasionnels, ce qui exclut les rémunérations versées aux salariés permanents de l'association.

L'impôt sur les spectacles

L'impôt sur les spectacles, prélevé au profit des communes, ne s'applique qu'aux :
— réunions sportives,
— cercles et maisons de jeux,
— appareils automatiques installés dans les lieux publics.

Le taux en est progressif, de 8 % à 18 % en fonction du chiffre d'affaire réalisé.

L'association entrant dans le champ d'application de l'impôt sur les spectacles doit déclarer la réunion à la Recette Locale des Impôts de la commune où elle se déroulera.

Des exonérations sont prévues par les textes, notamment au profit des réunions d'athlétisme, de natation, d'aviron, de gymnastique et d'escrime. Le conseil municipal est par ailleurs habilité à exonérer de l'impôt sur les spectacles les associations qui en feraient la demande.

Pour une information détaillée quant aux possibilités d'exonération et modalités d'imposition au titre de l'impôt sur les spectacles, vous consulterez utilement la Recette des Impôts de la commune où est située votre association.

Taxes spéciales

— Le droit de timbre :

Un droit de timbre devra être versé à la Recette Locale des Impôts de la commune où s'est déroulée la manifestations, lorsque le prix du billet d'entrée excède 10 F. Les billets doivent alors comporter trois volets, précisant la date, l'heure et le titre de la représentation, son prix, et les carnets de billets doivent être numérotés de façon suivie.

— La taxe additionnelle au prix des billets d'entrée dans les manifestations sportives :

Les réunions sportives entrant dans le champ d'application de l'impôt sur les spectacles sont assujetties à une taxe additionnelle au pris du billet d'entrée, lorsque ce prix excède 25 F.

La taxe additionnelle au prix des places dans les salles de spectacles cinématographiques.

Une taxe spéciale est perçue pour les salles où sont données au moins deux séances commerciales (ouvertes au public extérieur à l'association et payantes) par semaine. En pratique, rares sont les associations qui se trouveront dans le champ d'application de cette taxe.

— La taxe spéciale sur les débits de boissons temporaires :

Lorsque l'association ouvre une buvette pour laquelle elle a obtenu une licence de *deuxième catégorie,* elle est redevable d'une taxe spéciale dont le montant est fixé à 15 % du tarif des licences de troisième catégorie applicable dans la commune.

Ces tarifs sont fixés par délibérations des conseils municipaux. Il convient donc de consulter le service des impôts pour connaître le tarif applicable dans votre commune.

Les obligations déclaratives

Afin de pouvoir bénéficier du régime fiscal des manifestations associatives, l'association organisatrice doit en effectuer la déclaration auprès de la Recette des Impôts de la commune où est situé le siège social de l'association (voir le détail des formalités déclaratives *infra* page 100).

Les droits d'auteurs

Le droit d'auteur est une redevance, versée au profit d'un artiste créateur, pour toute représentation ou reproduction de son œuvre.

L'association organisant un spectacle (par exemples : un concert, une pièce de théatre) devra déclarer le contenu de la manifestation aux sociétés chargées de gérer les intérêts des auteurs : SACEM pour les auteurs, compositeurs, éditeurs de musique, SACD pour les pièces de théatre, représentations lyriques, ballets, SGDL pour les textes littéraires.

Pour obtenir le détail des modalités de règlement des droits d'auteurs, ainsi que les taux en vigueur, vous pouvez vous adresser aux délégations régionales de ces sociétés, ou, à Paris, aux adresses suivantes :

SACEM
Société Des Auteurs, Compositeurs, Editeurs De Musique
225, avenue Charles-de-Gaulle
92521 Neuilly-Sur-Seine Cédex, Tél. 16 (1) 47.47.56.50

SACD
Société Des Auteurs Et Compositeurs Dramatiques
11 bis, rue Ballu
75009 Paris, Tél. 16 (1) 42.80.66.65

SGDL
Société Des Gens De Lettres De France
38, rue du Faubourg-Saint-Jacques
75014 Paris, Tél. 16 (1) 43.22.06.47

Responsabilité des organisateurs

La responsabilité de l'association organisatrice d'une manifestation est engagée, en cas d'accident, que la victime soit membre ou salariée de l'association, ou qu'elle soit extérieure à l'association (sportif engagé dans une compétition, simple spectateur). Seule une faute très grave de la victime (qui se rendrait ainsi elle-même responsable du dommage subi) serait susceptible de vous dispenser d'indemniser celle-ci.

Il est donc indispensable, dans l'intérêt de tous, de veiller au bon déroulement de la fête ; pour ce faire :

— Prendre connaissance des arrêtés préfectoraux et municipaux règlementant les conditions de déroulement des manifestations, et spécialement les conditions à respecter en matière de sécurité. Ces prescriptions règlementaires sont bien entendu impératives, mais elles ne délivrent pas pour autant l'association de l'obligation générale de prudence qu'elle se doit d'assumer lorsqu'elle organise une réunion publique.

— L'association devra donc, dans chaque situation particulière, prendre toutes les mesures nécessaires pour assurer la sécurité des participants et des spectateurs, même si elles ne sont pas exigées par la règlementation existante, celle-ci ne pouvant en effet prendre en compte tous les cas de figures.

— Vérifier, auprès de votre compagnie d'assurances, que votre responsabilité, en tant qu'association organisatrice, est correctement couverte par votre contrat d'assurance en cours.

A défaut, votre assureur tient à votre disposition des contrats d'assurance spécifiques aux organisateurs de fêtes. (voir le chapitre « assurances », *infra* page 111).

Tableau récapitulatif des formalités à accomplir

ORGANISME COMPETENT	*AVANT* LA MANIFESTATION	*APRES* LA MANIFESTATION
LA MAIRIE	Demander l'autorisation d'organiser la manifestation Demander l'autorisation d'y ouvrir une buvette Se procurer les règlements en matière de sécurité	
LE COMMISSARIAT DE POLICE	Déclarer la manifestation Demander éventuellement le passage d'une ronde de police au cours de la manifestation	

VOTRE COMPAGNIE D'ASSURANCES	Vérifier que votre contrat d'assurance couvre votre responsabilité en tant qu'organisateur	
LES SOCIETES D'AUTEURS (SACEM, SACD...)	Déclarer la manifestation (si elle doit donner lieu à versement de droits d'auteurs) Retourner le contrat général de représentation signé qui vous sera envoyé par la société	Expédier : — un état de recettes — le programme artistique de la manifestation Payer le montant des droits d'auteur, sur facture envoyée par la société
LA RECETTE LOCALE des IMPOTS de la commune où se déroulera la manifestation	Déclarer la manifestation (24 heures à l'avance) Déclarer l'ouverture d'une buvette, en y joignant l'autorisation municipale Demander à l'Enregistrement l'autorisation de payer le droit de timbre sur état	Remettre un état détaillé des billets vendus Payer le droit de timbre dans le délai de 20 jours
LA RECETTE DES IMPOTS de la commune où est situé le siège de l'association	Déclarer la manifestation Déposer une demande d'exonération de T.V.A. (pour 6 manifestations au maximum dans l'année)	Si les recettes sont assujetties à la T.V.A., renvoyer l'imprimé de déclaration de recettes CA3/CA4, dans le délai de 30 jours Si la manifestation est exonérée de T.V.A., envoyer un relevé détaillé des recettes et des dépenses,avec nom et adresse des fournisseurs et des prestataires de services

Vendre des objets

L'association déclarée est en principe libre de vendre, d'acheter, de louer, d'emprunter. Elle peut donc vendre des objets et en tirer un bénéfice.

Il est cependant une limitation à cette faculté : l'association, poursuivant un but non-lucratif, ne peut exercer une activité commerciale, par nature lucrative ; d'où une limitation à sa faculté de tirer des profits de la vente d'objets.

Si la vente est accessoire à l'activité principale et désintéressée de l'association, et si elle est source de revenus peu importants, elle peut être pratiquée sans inconvénients ; ce serait le cas, par exemple, pour la vente occasionnelle de poteries réalisées par l'atelier « Travaux Manuels » d'une colonie de vacances.

De même, on considèrera que la promotion de l'association justifie la vente d'articles publicitaires, par exemple la vente de badges ou de « tee-shirts » aux couleurs de l'association.

Mais si le volume des ventes devient disproportionné par rapport aux autres activités de l'association et à ses autres sources de revenus, l'association pourrait se voir appliquer la qualification de commerçant, avec les conséquences juridiques et fiscales qui en découlent ; par exemple, un club de gymnastique, regroupant 30 membres actifs, et vendant chaque année plusieurs centaines de survêtements à des prix comparables à ceux pratiqués dans le secteur commercial.

Il y a donc lieu d'adopter une conduite prudente en la matière.

D'ailleurs, une association « loi 1901 » pouvant fonder une société commerciale et en être membre, il lui est possible de confier à une telle société la gestion de ses activités présentant un caractère typiquement commercial ; la situation serait ainsi clarifiée et la transparence fiscale assurée.

Fiscalement, la vente d'objets par l'association peut être soumise au régime général des ventes commerciales et prestations de services. Elle peut aussi entrer dans le champ d'application du régime fiscal préférentiel institué au profit des associations « loi 1901 » (voir *supra* page 37).

Voyages et transports

L'organisation des voyages et transports de groupes nécessite une attention particulière quant aux assurances à souscrire.

Si l'association confie à une agence de voyages le transport de ses membres, l'agence est normalement responsable pour les incidents susceptibles de se produire.

Par contre, si l'association organise elle-même le transport, elle devra vérifier auprès de son assureur que ses contrats d'assurances en cours couvrent tous les risques du transport : assurance des véhicules, des membres de l'association, et de sa responsabilité vis à vis des tiers.

D'autre part, les transports de groupes d'enfants sont soumis à une règlementation particulière ; afin d'éviter les risques inhérents à la circulation routière en période de départs et retours de vacances, les transports de groupes d'enfants par autocar sont interdits à certaines dates ; l'association en prendra connaissance auprès de la préfecture du lieu de départ du voyage.

4/ Les partenaires de l'association

Bien gérer une association c'est aussi savoir utiliser au mieux les partenaires extérieurs .

Votre banquier, votre assureur, sont des professionnels qui, bien sûr, vous proposent leurs produits, mais qui sont aussi pour vous des conseillers utiles.

De même, l'administration, notamment lorsque l'association est subventionnée, sera un partenaire privilégié.

Enfin, la promotion de l'association peut être assurée par des médias (presse, radios libres, sponsors) qu'il est donc souhaitable de connaître.

Relation bancaire

Le banquier est le partenaire quasi-indispensable à une bonne gestion financière de votre association. Les banques proposent en effet toute une gamme de services adaptés aux besoins spécifiques des associations : comptes chèques, services informatisés d'aide à la gestion, crédits, placements automatiques des liquidités, etc.

Bien plus qu'un éventuel prêteur, votre partenaire banquier doit être considéré comme un conseil.

Enfin, les intermédiaires financiers proposant chacun des services spécifiques à des tarifs variables, n'hésitez pas à vous renseigner auprès de diverses agences.

Les services bancaires

Le compte-chèque

Un compte-chèque vous permettra de :
— percevoir les cotisations versées par chèques bancaires et postaux,
— disposer d'un chèquier afin de régler plus facilement les dépenses,
— éviter au trésorier de détenir des fonds trop importants.

L'ouverture du compte peut être faite dès la constitution de l'association, en produisant à l'agence bancaire :
— un exemplaire des statuts de l'association,
— un exemplaire du Journal Officiel contenant la publication de la déclaration de l'association,
— un extrait de la délibération désignant les membres du bureau et donnant délégation à l'un d'eux pour représenter l'association et effectuer les opérations financières qui en relèvent. Ces pièces peuvent être rédigées sur papier libre mais doivent être certifiées conformes par le président de l'association et signées de sa main.

Le compte géré

Si le relevé de compte de l'association fait apparaître régulièrement un solde créditeur, vous pouvez utiliser la formule du « compte géré » afin de bénéficier d'une rémunération pour ces excédents. Cette formule vous permet, sur convention passée avec votre Banque, de fixer un seuil au-delà duquel les sommes disponibles sur le compte chèque de l'association seront automatiquement investies en SICAV (voir *infra* page 110).

Si vous devez faire face à des dépenses exceptionnelles faisant redescendre votre compte en dessous du seuil fixé, la banque réintégrera automatiquement les sommes placées sur votre compte courant. Ce type de compte est proposé par les caisses régionales de Crédit Agricole.

Les services informatiques

Afin de simplifier votre gestion, certaines banques vous proposent divers services informatisés, et notamment :

— Le recouvrement des cotisations et le règlement des dépenses par prélèvement automatique.
— La gestion des fichiers d'adhérents : création, mise à jour des adresses, radiation de membres, édition de listes et d'étiquettes aux noms et adresses des adhérents, suivi des cotisations.
— La gestion informatisée de la comptabilité de l'association :
• Journaux mensuels réalisés à partir des éléments comptables fournis par l'association.
• Etablissement du bilan et du compte de résultat.
• Récapitulatif annuel des éléments de la déclaration fiscale.
• Clôture et réouverture d'exercice.
• Contrôle budgétaire.

Ces services étant informatisés, leur coût est relativement faible, et ils vous permettront de réaliser une économie appréciable sur le temps consacré à l'administration de l'association.

A titre indicatif, la gestion informatisée de votre comptabilité peut être assurée à des tarifs variant de 2.000 F. TTC à 4.000 F. TTC par an, selon le nombre des écritures passées.

Les crédits bancaires

L'association peut vouloir solliciter un crédit bancaire, soit pour pallier à un problème ponctuel de trésorerie, soit pour financer un investissement.

La règlementation bancaire étend aux associations les facilités de crédits accordées aux entreprises commerciales. Les banques peuvent donc consentir à l'association des prêts à court, moyen, ou long terme. Le remboursement s'échelonnera, selon les cas, sur une durée de 2 à 15ans

Le concours de trésorerie

La bonne gestion de votre trésorerie peut être compromise par divers décalages ponctuels, généralement dus à :
— des retards dans les rentrées de cotisations,
— des retards dans les paiements des clients,
— des délais accordés aux clients,
— des retards dans la perception des subventions attendues...

Pour y faire face, votre banquier peut vous proposer :
— des facilités de caisse,
— des découverts en compte,
— des avances sur subventions.

Toutes les associations ont accès à ces crédits dans les mêmes conditions.

Le financement des investissements

Des crédits à moyen ou à long terme peuvent être contractés pour financer des achats importants : équipement sportif, culturel, informatique, véhicule automobile.

De même, ils pourront concourir à vos investissements immobiliers : acquisition d'un local, construction d'une installation sportive, rénovation d'un terrain de camping.

Les intérêts du prêt, ainsi que les garanties fournies, sont à négocier avec votre banquier.

Les placements

Pourquoi placer vos excédents de trésorerie ?

Si la recherche d'un profit par des placements systématiques est interdite à l'association « loi 1901 » de par son caractère non lucratif, les dirigeants n'en ont pas moins le *devoir de veiller à une bonne gestion de ses ressources financières.*

Dans cette optique, les éventuels excédents de trésorerie peuvent être placés, afin d'éviter l'érosion monétaire des sommes inutilisées, et procurer accessoirement à l'association un revenu complémentaire ponctuel.

Le cas se produira en particulier lorsque l'encaissement des cotisations, effectué en début d'année, permet à l'association de disposer d'une large trésorerie pendant plusieurs mois. De même, l'association bénéficiant d'un don, d'un legs, ou d'une subvention, peut se trouver momentanément à la tête d'une somme inemployée.

Quel placement choisir ?

Les critères de choix

De nombreuses formes de placements sont envisageables, mais toutes ne sont pas à utiliser par les associations. Le choix du placement doit en effet tenir compte de plusieurs critères :

— *La sécurité.* Il n'entre pas dans l'objet de l'association d'effectuer des placements « à risques », qui occasionneraient des pertes financières en cas de spéculation malheureuse. L'attitude à adopter ici est la prudence ; on préfèrera donc s'orienter vers les placements de « père de famille ».

— *La rentabilité.* Prenant peu de risques, l'espérance de gains très élevés est réduite. L'association recherchera principalement un placement permettant de conserver le pouvoir d'achat de la somme engagée. Si elle peut obtenir plus, ce sera à condition de ne pas prendre un risque anormal.

— *La fiscalité.* La rentabilité réelle d'un placement doit être appréciée en prenant en compte les prélèvements fiscaux éventuels.

— *La liquidité.* La budget de trésorerie doit permettre de mettre en évidence les excédents dont l'association disposera pendant un certain laps de temps (un mois, six mois, un an). On évaluera ainsi plus exactement la durée optimale du placement ; en effet, la rémunération des placements est généralement fonction de leur durée. Il y a donc lieu de concilier la durée d'indisponibilité des sommes engagées, qui permet une rémunération intéressante, avec l'intérêt pratique que présentent les placements disponibles en permanence, mais qui sont en contrepartie souvent moins rémunérateurs.

Les principales formes de placement avantageant les associations

Le compte sur livret

Les associations à but non lucratif peuvent ouvrir des livrets de Caisse d'Epargne.

- Le livret A, permet à l'association de placer jusqu'à 340.000 F. (5 fois le plafond ordinaire). Les sommes placées sont disponibles en permanence. L'intérêt annuel (6,5 %) est exonéré d'impôt.
- Le livret B, vous permet de placer les sommes excédant le plafond du livret A. L'intérêt annuel, identique à celui du livret A, est soumis à l'impôt sur les sociétés au taux de 24 %, ou à un prélèvement libératoire de 45 %.

Les obligations

L'obligation est un titre matérialisant le prêt consenti à une entreprise, à une collectivité locale ou à l'Etat, pour une durée variant généralement de 10 à 20 ans.

Cependant, l'obligation étant cotée en bourse, elle peut à tout moment être négociée, avant sa date d'échéance, à la valeur boursière du moment ; les frais de cession sont très réduits.

C'est un placement intéressant, spécialement lorsqu'on achète des emprunts d'Etat ou garantis par l'Etat : la sécurité est alors importante, et la rentabilité peut atteindre plus de 15 %.

De plus, le régime fiscal des obligations est avantageux :

- Les revenus d'obligations émises par les collectivités publiques sont exonérés d'impôt.

• Les revenus d'obligations émises par les entreprises sont assujettis à une retenue à la source de 10 ou 12 %, qui les exonère de l'impôt sur les sociétés.
• Seuls les revenus d'obligations étrangères sont assujettis à l'impôt sur les sociétés au taux de 24 %.

Les SICAV

L'association peut, par l'intermédiaire de son banquier, confier ses fonds à un organisme spécialisé, qui se charge de les placer.

Les Sociétés d'Investissement à Capital Variable (SICAV) sont des portefeuilles collectifs de titres constitués par l'apport d'épargnes de personnes physiques ou morales. Elles offrent l'avantage d'être gérées par des professionnels connaissant bien le marché financier. L'importance des portefeuilles permet la diversification du risque.

Ces SICAV sont de plus en plus spécialisées, détenant ou des actions françaises, ou des actions étrangères, ou entre autres des obligations. C'est vers ce dernier type que doit se tourner l'association, ce produit lui conférant à la fois sécurité et rendement.

La formule est particulièrement intéressante lorsque l'association veut conserver à son placement sa liquidité. En effet, les fonds versés sont disponibles à tout moment, puisque les parts de SICAV, valorisées chaque jour, peuvent être réalisées rapidement par la banque, sur ordre de l'association.

La fiscalité en est avantageuse, tant au niveau des revenus que de plus-values réalisées lors de la cession.

Les placements peu adaptés aux associations

— Les valeurs mobilières étrangères (obligations et actions) sont à déconseiller car fortement fiscalisées et assujetties aux risques du marché.
— Les comptes bancaires rémunérés sont de même assujettis à un régime fiscal peu avantageux.
— Les bons d'épargne constituent un placement peu attractif, compte tenu du taux élevé du prélèvement d'office sur les intérêts produits (45 %).

L'assurance, indispensable

En tant que personne morale, l'association déclarée a des droits : elle peut être propriétaire de locaux, de matériel, employer du personnel, organiser des activités et des manifestations. Mais elle est tenue, en contrepartie, à des obligations ;

en particulier, elle est responsable des dommages qui peuvent être occasionnés du fait de son activité.

Si cette responsabilité n'est pas couverte par une assurance, l'association devra réparer elle-même les dommages dont elle est responsable, ce qui peut compromettre non seulement ses finances, mais jusqu'à son existence même. L'assurance, vous permettant de couvrir votre responsabilité est donc indispensable.

Le dirigeant se devra de faire un inventaire complet des besoins de l'association en la matière, et vérifiera que tous les risques de l'activité associative sont correctement couverts par ses contrats d'assurance. Il existe en effet différents contrats d'assurance, couvrant chacun une catégorie de risques définie. Il faudra donc communiquer à votre assureur la liste de toutes les activités organisées, afin d'élaborer un plan de protection complet et adapté à la situation propre de votre association.

L'assurance « responsabilité civile » de l'association

Qu'est-ce que la Responsabilité Civile ?

C'est l'obligation, pour toute personne physique ou morale, de réparer le dommage qu'elle a causé à autrui, par sa faute, sa négligence, son imprudence, ou par le fait des personnes dont elle doit répondre et des choses dont elle a la garde.

Lorsque l'association s'est rendue négligente ou imprudente dans l'exécution d'un contrat, occasionnant ainsi un dommage, elle met en jeu sa *responsabilité contractuelle.*

Par exemple, l'association organisant le transport d'enfants pour une colonie de vacances est responsable des éventuels accidents survenus du fait du non respect des mesures de sécurité habituellement prises par l'organisateur d'un voyage.

Plus généralement, et en dehors de tout contrat, l'association doit réparer les dommages causés par les personnes dont elle a la charge et les choses dont elle a la garde ; sa responsabilité est dans ce cas qualifiée de *délictuelle.* (articles 1382 et 1384 du Code Civil).

Dans les deux cas, le contrat d'assurance « Responsabilité Civile » couvre l'association en tant que telle, mais aussi toutes les personnes qui agissent dans le cadre de ses activités. Le contrat devra bien mentionner les personnes assurées :

— L'association en tant que telle.
— Ses dirigeants.
— Ses membres, dans le cadre des activités de l'association.

— Les salariés, pour les dommages qu'ils pourraient provoquer à l'occasion de leurs fonctions.
— Les bénévoles.
— Les mineurs dont l'association a la surveillance (garde d'enfants, excursions...).

De plus, afin de garantir la responsabilité d'un membre de l'association vis-à-vis d'un autre membre, le contrat devra stipuler que les membres de l'association sont considérés comme « tiers » entre eux.

En général, les compagnies d'assurances regroupent *plusieurs types de garanties* sous le titre « assurance Responsabilité Civile ». D'autre part, les contrats mentionnent *les types d'activité* garantis.

Quelles sont les garanties offertes ?

Le contrat « Responsabilité Civile » offre en général trois types de garanties :

La Responsabilité Civile générale.

Elle garantit la responsabilité de l'association pour les dommages causés, par les personnes dont elle a la charge, à des tierces personnes à l'association.

Par exemple : le sportif, membre de l'association, qui pendant une compétition vient à blesser un spectateur, ou provoque des dommages matériels.

La garantie « Individuelle Accidents ».

Dans le cadre des activités de l'association, si un membre ou un dirigeant, assurés, sont victimes d'un accident corporel, la garantie « Individuelle Accidents » permet une indemnisation, par l'assurance, au tarif de la sécurité sociale pour les frais médicaux et pharmaceutiques ; le versement d'un capital fixé par le contrat est prévu, en cas de décès ou d'infirmité permanente.

L'assurance « défense et recours ».

L'assurance prendra en charge les frais d'intervention amiable ou judiciaire (frais de justice, honoraires d'avocat) permettant à l'assuré d'obtenir réparation du préjudice subi dans le cadre des activités de l'association.

Attention : l'assurance ne couvre jamais les amendes pénales (par exemple, des contraventions) qui peuvent être infligées à un assuré.

Pour quelles activités ?

Afin d'éviter toute contestation de votre assureur quant à l'étendue de la garantie offerte, le contrat d'assurance devra mentionner explicitement les causes de dommages donnant lieu à garantie :
— Les personnes assurées.
— Les choses et les animaux sont l'association a la garde.
— Les immeubles et le mobilier.
— Les véhicules.
— Le vol.
— Les services médicaux.
— L'inobservation des lois et règlements.
— Les intoxications alimentaires.
— Le trajet.
— etc...

Il est bon de préciser que la liste n'est pas limitative.

Vous serez ainsi couverts pour tous les événements susceptibles de causer un dommage engageant la responsabilité de l'association.

Par exemples :
— Une aide familiale, salariée d'une association, rend visite à une personne âgée, et provoque malencontreusement des dégâts au domicile de cette dernière.
— Votre assurance « Responsabilité Civile » couvre la responsabilité de votre salariée.

A noter qu'en cas d'accident corporel dont serait victime le salarié à l'occasion de son activité professionnelle, c'est la Sécurité Sociale qui supporte la charge de l'indemnisation.

— Des objets fabriqués par l'association sont vendus au public et occasionnent, à cause d'une mal-façon, des dommages aux acheteurs. L'association, civilement responsable du fait de la chose vendue, est couverte par le contrat « Responsabilité Civile ».

L'assurance « multirisque » des locaux

Que l'association soit propriétaire ou locataire des locaux qu'elle occupe, une assurance contre les divers risques menaçant les locaux doit être souscrite. Si l'association occupe un local prêté gratuitement, elle doit vérifier auprès du propriétaire que le local prêté est correctement assuré, et, à défaut, contracter elle-même une assurance couvrant les activités de l'association dans ces locaux.

L'assurance « multirisque » permet de garantir en un seul contrat les risques suivants :
— L'incendie.
— L'explosion.
— Les dégâts des eaux.
— Les catastrophes naturelles.
— Le vol avec effraction.
— Les détériorations causées par les voleurs.
— Les attentats.
— La responsabilité civile de l'assuré pour les dommages causés à des tiers de l'immeuble, des ascenseurs, du gardien, etc...

Le matériel et le mobilier sont normalement assurés dans le cadre de la garantie « multirisque ». Le montant de la prime d'assurance sera fonction du prix des objets assurés. Il faudra donc vérifier que le capital assuré au titre du mobilier est suffisant pour couvrir tout le matériel entreposé dans les locaux.

Certains matériels de valeur (Hi-Fi, matériel d'imprimerie, magnétoscope, ...) peuvent être assurés séparément, par une garantie « bris de machines » ou une assurance « tous risques ».

L'assurance des véhicules automobiles

Outre l'assurance obligatoire pour tous les véhicules automobiles, qui devra comporter une clause explicite garantissant la responsabilité civile de tous les membres de l'association susceptibles d'utiliser ces véhicules pour l'activité associative, l'association se garantira utilement contre :
— Les dommages susceptibles de survenir aux véhicules.
— La responsabilité de l'association transportant des personnes. Ainsi, si l'association loue un autocar, elle doit vérifier l'état du véhicule et s'il est correctement assuré. Si le chauffeur n'est pas titulaire du permis de conduire « transports en commun », il ne peut transporter plus de 8 personnes.

Il eút donc conseillé, dès lors que vous entreprenez d'organiser un transport, de faire inclure dans votre contrat d'assurance « Responsabilité Civile » une clause couvrant le responsabilité civile de l'association du fait de véhicules ne lui appartenant pas.
— Enfin, l'assurance obligatoire des véhicules automobiles ne joue pas quant aux dommages subis par le conducteur. La garantie « Individuelle Accidents » peut vous permettre de l'assurer.

Les assurances complémentaires

Selon la nature des activités pratiquées, des assurances complémentaires peuvent vous permettre des risques particuliers.

N'hésitez pas à consulter votre assureur, qui dispose de divers types de contrats, adaptés à chaque situation.

Ainsi, les associations sportives sont en général tenues de s'assurer contre les risques de la pratique des sports. Les Fédérations sportives l'imposent, tant pour l'affiliation de l'association à la Fédération que pour l'obtention des licences.

L'association sportive pourra cependant compléter la garantie obligatoire « accidents corporels », par :

— La garantie de remboursement des soins médicaux et le versement d'indemnités.

— La garantie d'autres sports pratiqués au sein de l'association, en particulier lorsqu'ils sont plus dangereux que les sports principalement pratiqués.

— L'extension de la garantie couvrant les membres pratiquant un sport, afin d'assurer les sportifs même en dehors du cadre associatif (par exemple, en vacances).

Une autre forme de garantie complémentaire peut être recherchée, à l'occasion de l'organisation d'une fête. Un contrat d'assurances « spécial fêtes » vous garantira contre les risques particuliers inhérents à toute manifestation publique. Par exemples : détérioration d'un matériel emprunté, conséquences financières de l'annulation d'une fête, vol de la caisse, d'objets au vestiaire, etc...

Pour tout problème d'assurance, vous pourrez obtenir une information très détaillée et de précieux conseils au :

C.D.I.A. Centre De Documentation Et D'Information De L'Assurance
2, rue Chaussée-d'Antin
75009 Paris, Tél. 16 (1) 47.70.89.39

Les administrations

Dès la constitution de l'association, le dirigeant est amené à entrer en relation avec l'administration. L'Etat, les collectivités publiques et locales sont des partenaires avec lesquels vous aurez à composer.

Que ce soit pour éditer un bulletin, organiser une manifestation publique, remplir vos obligations fiscales, il est nécessaire de prendre le temps de se tenir au courant des procédures à suivre, afin de mener à bien toutes vos activités. Vous pouvez obtenir la documentation nécessaire à votre information auprès de l'administration compétente. N'hésitez donc pas à écrire, en exposant les problèmes que vous rencontrez, l'administration restant le partenaire le plus compétent pour vous indiquer la règlementation en vigueur.

Mais les administrations sont aussi, heureusement, des partenaires privilégiés de par les nombreuses formes d'aides qu'elles dispensent aux associations, depuis le prêt d'un local communal destiné à la création d'une bibliothèque, jusqu'aux subventions permettant de construire un terrain de sport ou toute autre installation que l'association ne pourrait parvenir à réaliser seule.

La grande majorité des associations déclarées reçoivent ainsi, sous une forme ou une autre, une aide matérielle des pouvoirs publics ; en contrepartie, elles sont soumises à un contrôle de la gestion et de l'emploi des fonds perçus au titre des subventions.

Dans cette optique, vous consulterez utilement votre municipalité ; les maires sont à cet effet des interlocuteurs qui peuvent souvent beaucoup pour vous aider matériellement et faciliter la mise en œuvre de votre projet associatif.

Les médias

Les médias peuvent être des partenaires utiles à la promotion et au développement des activités de votre association. Ils permettent de véhiculer l'information et de toucher le grand public. Bénéficiant ainsi d'une audience plus étendue, vous obtiendrez plus facilement de ce public qu'il :

— vienne à vos réunions,
— participe à vos manifestations,
— utilise vos services,
— adhère à votre association.

Comment faire connaître votre association ?

Utiliser la presse

Le communiqué de presse.

La presse quotidienne régionale publie des informations quant aux activités des associations, lorsqu'elles présentent un intérêt pour la vie locale ou régionale.

Vous pouvez donc adresser à votre quotidien régional des

communiqués de presse, assortis éventuellement de photos en noir et blanc, pour faire passer une information quant aux activités réalisées (par exemple, faire le compte rendu d'une manifestation).

Le communiqué de presse doit être adressé au journal plusieurs jours avant la date de parution. Il doit être bref (une ou deux pages dactylographiées).

Pour le rédiger, employer la troisième personne (« L'association X a organisé... »).

Il est souhaitable de mettre en valeur l'événement, en décrivant, par exemple, l'affluence du public, la présence de personnalités...

Le titre pourra être accrocheur ; il reprendra l'information principale du texte ; par exemple : « Essai transformé pour la première kermesse du « Narbonne Rugby Club ».

Les annonces

Vous pouvez proposer les services de votre association sous la forme d'une publicité payante insérée dans un quotidien régional ou dans une publication spécialisée dans votre domaine d'activité.

Pour financer votre insertion, il est possible d'obtenir un coût réduit en faisant passer le message sous forme de « petite annonce ».

Vous pouvez aussi recourir à une entreprise de votre région : intéressée par votre activité, elle pourra vous apporter son soutien financier, et son nom apparaîtra, en contrepartie, sur l'annonce.

Le bulletin d'association

C'est le moyen privilégié de maîtriser l'information que vous souhaitez diffuser. Cependant, l'édition d'un bulletin périodique nécessite une organisation relativement importante ; une fois créé, il est souhaitable de soutenir le rythme de parution et la qualité de sa présentation. (voir *supra* page 87).

Intervenir sur les radios libres

Le développement des radios libres (qui d'ailleurs sont souvent elles-mêmes des associations « Loi 1901 ») émettant sur des secteurs géographiques restreints, est une opportunité à saisir dans la recherche d'une promotion de l'association. En contactant les stations émettant sur votre région, vous pourrez être invités à participer à une émission sur les sujets dont vous traitez dans le cadre de l'association.

Le respect de quelques règles vous permettra de réaliser avec succès votre émission :

— Etre clair, se limiter au développement de 2 ou 3 idées.
— Essayer de ne pas lire votre intervention (elle ne serait pas assez vivante).
— Ne pas donner de réponses trop techniques aux questions posées par les auditeurs.
— Eviter les exposés trop longs.

Vous utiliserez ainsi un moyen de communication très efficace, en attendant la vulgarisation des nouvelles technologies, qui permettront d'utiliser bientôt des outils de communication particulièrement adaptés aux associations : minitel, télévision régionale par câble, ...

Faire votre propre publicité

Vous pouvez promouvoir par vous-mêmes les activités de l'association, en utilisant notamment :

— L'image de marque de l'association.

Construire une bonne image de marque est un travail de longue haleine, mais qui, à moyen terme, vous permettra d'avoir la confiance du public et d'attirer de nouveaux adhérents.

Vous y parviendrez par une exploitation suivie des formes de communication à votre disposition ; mais il faut y penser dès la création de l'association : on choisira un nom significatif pour présenter explicitement l'association, et un sigle facile à mémoriser. On peut aussi concevoir un « logo », symbolisant le titre de l'association, et qui figurera sur le courrier, les affiches, le bulletin.

— Les affiches vous permettront de faire de la publicité autour des manifestations organisées par l'association. Elles doivent être conçues simplement ; elles comporteront un texte le plus concis possible :

— nom et logo de l'association,
— nature de la manifestation,
— sa date,
— le numéro de téléphone où vous contacter.

Vous pouvez utiliser un sponsor, par exemple une banque, pour financer l'affichage. L'affiche sera alors réalisée avec une bande mentionnant le titre de l'entreprise qui vous sponsorise.

La distribution de tracts, l'envoi de lettres personnalisées, les panneaux lumineux diffusant des informations sur la vie locale, sont d'autres moyens de vous faire connaître, et la liste n'est pas limitative !

A cet effet, de manière à assurer une liaison harmonieuse et homogène avec l'ensemble des médias sur le contenu des informations que veut faire passer l'association, il est indispensable que celle-ci désigne en son sein, par exemple, un administrateur qui aurait plus particulièrement la charge de ces relations.

Conclusion

L'association, comme n'importe quelle entreprise, se trouve donc impliquée dans des procédures administratives et assujettie à des obligations légales.

Soulignons, à cet égard, que l'association, ses élus et ses membres, ne se trouvent pas vis-à-vis de la loi et des obligations qui en découlent dans une situation d'exception quant à leur respect.

La qualité de la gestion administrative de votre association est l'un des atouts majeurs de son succès et l'élément déterminant de sa pérénité.

Cet ouvrage vous assistera dans tous les actes de la vie de votre association et vous permettra d'éviter un grand nombre d'écueils, vous rendant ainsi plus disponibles pour l'essentiel de votre vie associative.

Adresses utiles

A.D.D.E.S.
ASSOCIATION POUR LE DEVELOPPEMENT DE LA DOCUMENTATION SUR L'ECONOMIE SOCIALE
33, rue des Trois-Fontanot, B. P. 211
92002 Nanterre cédex
Tél. 16 (1) 47.24.85.00

A.G.E.C
ASSOCIATION D'AIDE A LA GESTION DES ENTREPRISES CULTURELLES,
38, rue des Blancs-Manteaux,
75004 Paris
Tél. 16 (1) 42.74.64.22

ANTIOPE-ANTENNE 2
158, rue de l'Université
75007 Paris
Tél. 16 (1) 45.55.35.35

C.D.I.A.
CENTRE DE DOCUMENTATION DES ASSURANCES
2, rue de la Chaussée-d'Antin
75009 Paris
Tél. 16 (1) 47.70.89.39

COMITE DE LIAISON DES BOUTIQUES DE GESTION
855, avenue de la République
59700 Marcq-en-Bareuil

C.N.V.A.
CONSEIL NATIONAL DE LA VIE ASSOCIATIVE
78, rue Olivier-de-Serres
75015 Paris
Tél. 16 (1) 48.28.40.00

CENTRE DE FORMATION ET DE DOCUMENTATION POUR LA PRESSE ASSOCIATIVE
5, boulevard Voltaire
75011 Paris
Tél. 16 (1) 43.57.71.04

CENTRE NATIONAL DU VOLONTARIAT
130, rue des Poissonniers
75018 Paris
Tél. 16 (1) 42.64.97.34

FEDERATION FRANÇAISE DE DEFENSE DU BENEVOLAT
B. P. 15
60340 Saint-Leu-d'Esserent

FEDERATION NATIONALE LEO LAGRANGE
21, rue de Provence
75009 Paris
Tél. 16 (1) 42.46.50.39

FONDA, FONDATION POUR LA VIE ASSOCIATIVE
18, rue de Varenne
75007 Paris
Tél. 16 (1) 45.49.06.58

FONDATION DE FRANCE
40, avenue Hoche
75008 Paris
Tél. 16 (1) 42.25.76.55

JOURNAL OFFICIEL
26, rue Desaix
75727 Paris cédex 15
Tél. 16 (1) 45.75.62.31

JOURNAL DES ASSOCIATIONS
17, rue Viète
75854 Paris cédex 17
Tél. 16 (1) 47.63.68.78

JURIS-ASSOCIATIONS (CONSEILS ET PUBLICATIONS)
12, quai Lassagne
69001 Lyon
Tél. 16 (1) 78.27.00.38

LA LETTRE DE L'ECONOMIE SOCIALE
2, rue Fléchier
75009 Paris
Tél. 16 (1) 42.81.02.06

MAISON DES ASSOCIATIONS - ETABLISSEMENT PUBLIC DE LA VILLETTE
211, avenue Jean-Jaurès
75019 Paris
Tél. 16 (1) 42.40.27.28

ORDRE DES EXPERTS-COMPTABLES
Tour Maine-Montparnasse
33, avenue du Maine
75075 Paris
Tél. 16 (1) 45.38.65.00

S.A.C.E.M.
SOCIETE DES AUTEURS, COMPOSITEURS ET EDITEURS DE MUSIQUE
30, rue Ballu
75009 Paris
Tél. 16 (1) 42.85.72.71

SERVICE ASSOCIATIONS
60, rue du Président-Wilson
92300 Levallois-Perret
Tél. 16 (1) 47.37.92.50

UNION FRANÇAISE DES COLONIES DE VACANCES
19, rue Dareau
75014 Paris
Tél. 16 (1) 43.35.25.26

U.J.E.F.
UNION DES JOURNAUX D'ENTREPRISES
5, avenue de l'Opéra
75001 Paris
Tél. 16 (1) 42.60.47.05

U.N.A.F.
UNION NATIONALE DES ASSOCIATIONS FAMILIA-LES
28, place Saint-Georges
75442 Paris cédex 09
Tél. 16 (1) 42.80.67.66

U.N.I.O.P.S.S.
UNION NATIONALE INTERFEDERALE DES ŒUVRES ET ORGANISMES PRIVES SANITAIRES ET SOCIAUX
103, rue du Faubourg-Saint-Honoré
75008 Paris
Tél. 16 (1) 42.25.16.76

Annexes

N° de l'annexe	Titres	Pages
1	Statuts type d'association déclarée	128
2	Modèle de déclaration à la Préfecture	131
3	Demande d'insertion au Journal Officiel	132
4	Modèle de statuts pour la reconnaissance d'utilité publique	134
5	Modèle de déclaration pour modification de statuts	141
6	Modèle de déclaration lors du changement d'administration	142
7	Déclaration des opérations	143
8	Déclaration d'impôt sur les sociétés, n° 2065	144
9	Déclaration d'impôt sur les sociétés, n° 2066	145
10	Déclaration d'impôt sur les sociétés, n° 2070	147
11	Modèle de reçu à faire pour un don	148
12	Modèle de déclaration pour l'acquisition d'un bien immobilier	150
13-14	Certificat de travail et reçu pour solde de tout compte	151
15	Mode de déclaration de versement de taxe sur salaire	153
16	Exemple de bulletin de salaire	154

1. MODELE DE STATUTS

proposés aux associations déclarées sous le régime de la loi du 1er juillet 1901 et du décret du 16 août 1901 (1).

Article 1er.

Il est fondé entre les adhérents aux présents statuts une association régie par la loi du 1er juillet 1901 et le décret du 16 août 1901, ayant pour titre ....

Article 2.

Cette association a pour but ....

Article 3. — *Siège social.*

Le siège social est fixé à ....

Il pourra être transféré par simple décision du conseil d'administration ; la ratification par l'assemblée générale sera nécessaire.

Article 4.

L'association se compose de :

a) Membres d'honneur ....
b) Membres bienfaiteurs ....
c) Membres actifs ou adhérents ....

Article 5. — *Admission.*

Pour faire partie de l'association, il faut être agréé par le bureau qui statue, lors de chacune de ses réunions, sur les demandes d'admission présentées.

Article 6. — *Les membres.*

Sont membres d'honneur, ceux qui ont rendu des services signalés à l'association ; ils sont dispensés de cotisations ;

Sont membres bienfaiteurs, les personnes qui versent (un droit d'entrée de .... francs et) une cotisation annuelle fixée chaque année par l'assemblée générale.

Sont membres actifs ceux qui ont pris l'engagement de verser annuellement une somme de ....

Toute cotisation pourra être rachetée moyennant le paiement d'une somme minima égale à dix fois son montant annuel, *sans que la somme globale puisse dépasser cent francs* (2).

---

(1) Modèle proposé, à titre purement *indicatif*.
(2) Le rachat des cotisations est limité à 100 F par l'article 6-1° de la loi du 1er juillet 1901, modifié par la loi n° 48-1001 du 23 juin 1948.

Article 7. — *Radiations.*

La qualité de membre se perd par :

a) La démission ;

b) Le décès ;

c) La radiation prononcée par le conseil d'administration pour non-paiement de la cotisation ou pour motif grave, l'intéressé ayant été invité par lettre recommandée à se présenter devant le bureau pour fournir des explications.

Article 8.

Les ressources de l'association comprennent :

1° Le montant des droits d'entrée et des cotisations ;

2° Les subventions de l'Etat, des départements et des communes.

Article 9. — *Conseil d'administration.*

L'association est dirigée par un conseil de .... membres, élus pour .... années par l'assemblée générale. Les membres sont rééligibles.

Le conseil d'administration choisit parmi ses membres, au scrutin secret, un *bureau* composé de :

1° Un président ;

2° Un ou plusieurs vice-présidents ;

3° Un secrétaire et, s'il y a lieu, un secrétaire adjoint ;

4° Un trésorier, et, si besoin est, un trésorier adjoint.

Le conseil étant renouvelé tous les .... ans par moitié, la première année, les membres sortants sont désignés par le sort.

En cas de vacances, le conseil pourvoit provisoirement au remplacement de ses membres. Il est procédé à leur remplacement définitif par la plus prochaine assemblée générale. Les pouvoirs des membres ainsi élus prennent fin à l'époque où devrait normalement expirer le mandat des membres remplacés.

Article 10. — *Réunion du conseil d'administration.*

Le conseil d'administration se réunit une fois au moins tous les six mois, sur convocation du président, ou sur la demande du quart de ses membres.

Les décisions sont prises à la majorité des voix ; en cas de partage, la voix du président est prépondérante.

Tout membre du conseil qui, sans excuse, n'aura pas assisté à trois réunions consécutives, pourra être considéré comme démissionnaire.

Nul ne peut faire partie du conseil s'il n'est pas majeur.

Article 11. — *Assemblée générale ordinaire.*

L'assemblée générale ordinaire comprend tous les membres de l'association (1) à quelque titre qu'ils y soient affiliés. L'assemblée générale ordinaire se réunit chaque année au mois de........................

(1) En principe, les statuts peuvent prévoir que certains membres de l'association, qui ne versent qu'une cotisation très faible, peuvent ne pas faire partie de l'assemblée générale.

Quinze jours au moins avant la date fixée, les membres de l'association sont convoqués par les soins du secrétaire. L'ordre du jour est indiqué sur les convocations.

Le président, assisté des membres du comité, préside l'assemblée et expose la situation morale de l'association.

Le trésorier rend compte de sa gestion et soumet le bilan à l'approbation de l'assemblée.

Il est procédé, après épuisement de l'ordre du jour, au remplacement, au scrutin secret, des membres du conseil sortants.

Ne devront être traitées, lors de l'assemblée générale, que les questions soumises à l'ordre du jour (1).

Article 12. — *Assemblée générale extraordinaire.*

Si besoin est, ou sur la demande de la moitié plus un des membres inscrits, le président peut convoquer une assemblée générale extraordinaire, suivant les formalités prévues par l'article 11 (1).

Article 13. — *Règlement intérieur.*

Un règlement intérieur peut être établi par le conseil d'administration qui le fait alors approuver par l'assemblée générale.

Ce règlement éventuel est destiné à fixer les divers points non prévus par les statuts, notamment ceux qui ont trait à l'administration interne de l'association.

Article 14. — *Dissolution.*

En cas de dissolution prononcée par les deux tiers au moins des membres présents à l'assemblée générale, un ou plusieurs liquidateurs sont nommés par celle-ci et l'actif, s'il y a lieu, est dévolu conformément à l'article 9 de la loi du 1er juillet 1901 et au décret du 16 août 1901.

---

(1) Il est prudent de fixer des conditions de *quorum*, et de *majorité* pour la validité des délibérations de l'assemblée générale ordinaire ou extraordinaire.

2. MODELE PROPOSE

pour la déclaration (initiale) d'une association (1).

Monsieur le commissaire (ou commissaire adjoint) de la République,

Nous avons l'honneur, conformément aux dispositions de l'article 5 de la loi du 1er juillet 1901 et de l'article 1er de son décret d'application du 16 août 1901, de procéder à la déclaration de l'association dite (2) « .... », dont le siège est à (3) ....

Cette association a pour objet (4) :

....

....

....

Les personnes chargées de son administration ou de sa direction sont :

M. X..., né à ...., le ...., de nationalité ...., domicilié à ...., exerçant la profession de ...., président ;

M. Y..., né à ...., le ...., de nationalité ...., domicilié à ...., exerçant la profession de ...., trésorier ;

M. Z..., né à ...., le ...., de nationalité ...., domicilié à ...., exerçant la profession de ...., secrétaire.

Ci-joint deux exemplaires, dûment approuvés par nos soins, des statuts de l'association.

Nous vous demandons de bien vouloir nous délivrer récépissé de la présente déclaration.

Veuillez agréer, Monsieur le commissaire (ou commissaire adjoint) de la République (5), l'assurance de notre considération distinguée.

Fait à ...., le ....

(*Signé*) X... , Y... , Z... (6).

---

(1) A établir sur papier libre.

(2) Reproduire le titre exact de l'association tel qu'il figure dans les statuts.

(3) Préciser l'adresse complète du siège social.

(4) Reproduire l'article des statuts relatif à l'objet ou au but de l'association.

(5) Lorsque l'association a son siège dans l'arrondissement du chef-lieu du département, la déclaration est à adresser à la préfecture ; dans tous les autres cas, la déclaration doit être effectuée à la sous-préfecture de l'arrondissement du siège social.

(6) La déclaration et les statuts y annexés doivent être signés par deux, au moins, des personnes mentionnées sur la liste des dirigeants ou administrateurs de l'association. Mais les autorités chargées de recevoir les déclarations peuvent toujours exiger les signatures des autres personnes inscrites sur cette liste.

1068. — 5.

3. Modèle A. — **CREATION ASSOCIATIONS**

Cadre réservé au Journal officiel.

NOTES :

(1) Nom, adresse et qualité (président, secrétaire ou trésorier...).

(2) Date de la déclaration.

(3) Pour les préfectures, indiquer seulement le nom du département et, pour les sous-préfectures, le nom de celles-ci.

(4) Titre exact et complet de l'association (l'utilisation d'un sigle n'est pas admise).

(5) Objet : mentionner clairement l'objet de l'association sous forme d'un extrait concis et précis (ne pas employer le style télégraphique). — **Voir exemples au verso.**

(6) Boîtes postales non admises.

(7) Signature du demandeur précédée de la mention : « Lu et approuvé, bon pour insertion ».

(8) **Préciser le nom patronymique de la personne chargée du règlement.**

(*) Rayer la mention inutile.

Cadre réservé au Journal officiel.

.... **8 0**

	NOMBRE	REMISE %
60010 (lignes)		
101 (J. O.)		

INSERTION AU JOURNAL OFFI

A dactylographier ou à écrire en carac

Demandée par : M. (1) ....

....

....

TEXT

Date (2) .... Décl

....

Titre de l'association (4) : ....

....

....

....

Objet (5) ....

....

....

....

....

....

....

Siège social (6) : ....

....

(Signature.) (7) ....

....

Nombre d'exemplaires demandés du journa

Adresse à laquelle envoyer la facture

M. (8) ....

....

....

(Tarifs 1984 : 28 F la ligne d'insertion et 2

DIRECTION

des

JOURNAUX OFFICIELS

26, rue Desaix, Paris (15e).

Code postal : 75727 PARIS CEDEX 15

Téléphone : 578-61 39.
Poste 417.

'UNE DECLARATION D'ASSOCIATION

ajuscules.

....

....

....

INSERER

à la { préfecture (*) / sous-préfecture (*) } de (3) ....

....

....

....

....

....

....

....

....

....

....

....

....

....

....

....

Cadre réservé à l'imprimerie.

lequel sera publiée l'insertion : ....

présente insertion et les exemplaires demandés :

....

....

....

'exemplaire.)

4. MODELE DE STATUTS

proposés aux associations qui sollicitent la reconnaissance d'utilité publique par application de la loi du 1er juillet 1901.

I. — But et composition de l'association.

Article 1er.

L'association dite : ....
fondée en .... a pour but de ....

Sa durée est :

— fixée à (1) ....
— illimitée (1).

Elle a son siège social à (2) ....

Article 2.

Les moyens d'action de l'association sont (3) ....

Article 3.

L'association se compose de membres (4) ....

Pour être membre, il faut être agréé par le conseil d'administration (5).

La cotisation annuelle minimum est de ....
pour les membres .... de ....
pour les membres (6) .... etc.

Elle peut être rachetée en versant une somme égale à ....
fois le montant de la cotisation annuelle minimum de la catégorie à laquelle appartient le membre.

Les cotisations annuelles peuvent être relevées par décision de l'assemblée générale.

Le titre de membre (1) .... peut être décerné par le conseil d'administration aux personnes qui rendent ou qui ont

---

(1) Supprimer l'une des deux mentions. En cas de durée limitée, indiquer le nombre d'années prévu pour cette durée ou l'événement dont la réalisation doit entraîner la dissolution de l'association.

(2) Indiquer seulement le nom de la commune et du département, sans mentionner la rue, ni le numéro.

(3) A titre d'exemples : publications, expositions, conférences et cours, bourses, concours, prix et récompenses, secours, gestion d'établissements, organisation de comités locaux.

(4) A titre d'exemples : membres titulaires, bienfaiteurs, adhérents, correspondants, etc. Les statuts précisent les droits et les obligations de chaque catégorie de membres. Des personnes morales légalement constituées, notamment des associations déclarées conformément à l'article 5 de la loi du 1er juillet 1901, peuvent être admises comme membres de l'association.

(5) L'association peut, en outre, prévoir la présentation par deux ou plusieurs membres.

(6) Un taux spécial peut être prévu pour les personnes morales.

rendu des services signalés à l'association. Ce titre confère aux personnes qui l'ont obtenu, le droit de faire partie de l'assemblée générale sans être tenues de payer une cotisation.

Article 4.

La qualité de membre de l'association se perd :

1° Par la démission ;

2° Par la radiation prononcée, pour non-paiement de la cotisation ou pour motifs graves, par le conseil d'administration, sauf recours à l'assemblée générale (2). Le membre intéressé est préalablement appelé à fournir ses explications.

II. — Administration et fonctionnement.

Article 5.

L'association est administrée par un conseil dont le nombre des membres, fixé par délibération de l'assemblée générale, est compris entre .... membres au moins et .... membres au plus (3). Les membres du conseil sont élus au scrutin secret, pour .... ans, par l'assemblée générale et choisis dans les catégories de membres dont se compose cette assemblée.

En cas de vacance, le conseil pourvoit provisoirement au remplacement de ses membres. Il est procédé à leur remplacement définitif par la plus prochaine assemblée générale (4). Les pouvoirs des membres ainsi élus prennent fin à l'époque où devrait normalement expirer le mandat des membres remplacés.

Le renouvellement du conseil a lieu (5) ....

Les membres sortants sont rééligibles (6).

Le conseil choisit parmi ses membres, au scrutin secret, un bureau composé d'un président, d'un ou .... vice-présidents (7), d'un ou .... secrétaires, d'un trésorier et d'un trésorier-adjoint.

Le bureau est élu pour .... ans (8).

Article 6.

Le conseil se réunit une fois au moins tous les six mois et chaque fois qu'il est convoqué par son président ou sur la demande du quart de ses membres.

---

(1) Honoraire ou d'honneur.

(2) Les statuts peuvent indiquer que la radiation est susceptible d'être prononcée également pour les mêmes motifs et dans les mêmes conditions par l'assemblée générale, sur le rapport du conseil d'administration.

(3) Le chiffre de 24 paraît un maximum.

(4) L'association peut également indiquer dans ses statuts que, lors de chaque renouvellement du conseil d'administration, l'assemblée générale désigne un certain nombre d'administrateurs suppléants destinés à remplacer les membres qui viendraient à quitter l'association avant l'expiration de leur mandat.

(5) Le renouvellement peut avoir lieu soit intégralement, soit par moitié, tiers, quart ou cinquième, suivant la durée du mandat.

(6) Toutefois les statuts peuvent prévoir une limite au nombre de mandats consécutifs.

(7) Trois au plus sauf cas exceptionnel.

(8) La durée du mandat ne saurait excéder la durée des fonctions du conseil.

La présence du tiers au moins des membres du conseil d'administration est nécessaire pour la validité des délibérations.

Il est tenu procès-verbal des séances.

Les procès-verbaux sont signés par le président et le secrétaire. Ils sont établis sans blancs, ni ratures, sur des feuillets numérotés et conservés au siège de l'association.

Article 7.

Les membres du conseil d'administration ne peuvent recevoir aucune rétribution à raison des fonctions qui leur sont confiées.

Des remboursements de frais sont seuls possibles. Ils doivent faire l'objet d'une décision expresse du conseil d'administration, statuant hors de la présence des intéressés ; des justifications doivent être produites qui font l'objet de vérifications.

Les agents rétribués de l'association peuvent être appelés par le président à assister, avec voix consultative, aux séances de l'assemblée générale et du conseil d'administration (1).

Article 8.

L'assemblée générale de l'association comprend les membres (2)

....

Elle se réunit .... (3) et chaque fois qu'elle est convoquée par le conseil d'administration ou sur la demande du quart au moins de ses membres.

Son ordre du jour est réglé par le conseil d'administration.

Elle choisit son bureau qui peut être celui du conseil d'administration.

Elle entend les rapports sur la gestion du conseil d'administration, sur la situation financière et morale de l'association.

Elle approuve les comptes de l'exercice clos, vote le budget de l'exercice suivant, délibère sur les questions mises à l'ordre du jour et pourvoit, s'il y a lieu, au renouvellement des membres du conseil d'administration (4).

Le rapport annuel et les comptes sont adressés chaque année à tous les membres de l'association.

---

(1) Si l'association veut pouvoir choisir comme agents rétribués des fonctionnaires en service détaché, elle doit inclure dans ses statuts la clause suivante : .... emploi(s) de .... (préciser le nombre exact et la qualification) peuvent être occupés par des fonctionnaires de l'Etat en position de détachement. La nomination à ces emplois devra être agréée par le Gouvernement. L'association soumettra préalablement, aux ministres dont relèvent les fonctionnaires à détacher, les contrats de travail proposés pour ces derniers. Ces contrats ne pourront prendre effet qu'après l'agrément du Gouvernement aux nominations. Toute modification apportée par la suite aux contrats de travail devra, de même, être soumise à l'agrément du Gouvernement.

(2) Indiquer les catégories de membres dont se compose l'assemblée générale. Tous les membres cotisants doivent pouvoir y participer, d'une manière ou d'une autre, avec voix délibérative. Lorsqu'une association comprend des personnes morales régulièrement constituées, ses statuts doivent indiquer les conditions de leur représentation à l'assemblée générale. Le cas échéant, il faut prévoir le mode de représentation des comités locaux à l'assemblée générale.

(3) L'assemblée doit se réunir au moins une fois par an.

(4) Le vote par correspondance peut être prévu en ce qui concerne les élections.

Sauf application des dispositions de l'article précédent, les agents rétribués de l'association n'ont pas accès à l'assemblée générale.

Article 9.

Le président représente l'association dans tous les actes de la vie civile. Il ordonnance les dépenses. Il peut donner délégation dans des conditions qui sont fixées par le règlement intérieur (1).

En cas de représentation en justice, le président ne peut être remplacé que par un mandataire agissant en vertu d'une procuration spéciale.

Les représentants de l'association doivent jouir du plein exercice de leurs droits civils.

Article 10.

Les délibérations du conseil d'administration relatives aux acquisitions, échanges et aliénations d'immeubles nécessaires au but poursuivi par l'association, constitutions d'hypothèques sur lesdits immeubles, baux excédant neuf années, aliénations de biens rentrant dans la dotation et emprunts doivent être approuvées par l'assemblée générale.

Article 11.

Les délibérations du conseil d'administration relatives à l'acceptation des dons et legs ne sont valables qu'après approbation administrative donnée dans les conditions prévues par l'article 910 du code civil, l'article 7 de la loi du 4 février 1901 et le décret n° 66-388 du 13 juin 1966 modifié.

Les délibérations de l'assemblée générale relatives aux aliénations de biens mobiliers et immobiliers dépendant de la dotation, à la constitution d'hypothèques et aux emprunts, ne sont valables qu'après approbation administrative.

Article 12 (2).

....
....

III. — **Dotation, ressources annuelles.**

Article 13.

La dotation comprend :

1° Une somme de (3) .... constituée en valeurs nominatives placées conformément aux prescriptions de l'article suivant ;

2° Les immeubles nécessaires au but recherché par l'association ainsi que des bois, forêts ou terrains à boiser ;

---

(1) Le règlement intérieur est facultatif.

(2) Indiquer sommairement dans cet article, les règles d'organisation et de fonctionnement des établissements de l'association ainsi que les pouvoirs conférés aux personnes chargées de leur direction. Lorsque l'association comprend des comités locaux ne constituant pas des personnes morales distinctes d'elle-même, ses statuts doivent indiquer également les règles d'organisation et de fonctionnement de ces comités et préciser quels sont leurs rapports avec le conseil d'administration de l'association. Ils doivent contenir, en outre, la disposition suivante : les comités locaux peuvent être créés par délibération du conseil d'administration approuvée par l'assemblée générale et notifiée au commissaire de la République dans le délai de huitaine.

(3) Mentionner ici les capitaux mobiliers faisant partie de la dotation au moment de la demande.

3° Les capitaux provenant des libéralités, à moins que l'emploi immédiat n'en ait été autorisé ;

4° Les sommes versées pour le rachat des cotisations ;

5° Le dixième au moins, annuellement capitalisé, du revenu net des biens de l'association ;

6° La partie des excédents de ressources qui n'est pas nécessaire au fonctionnement de l'association pour l'exercice suivant.

Article 14.

Les capitaux mobiliers compris dans la dotation sont placés en rentes nominatives sur l'Etat, en actions nominatives de sociétés d'investissement constituées en exécution de l'ordonnance du 2 novembre 1945 et des textes subséquents (1) ou en valeurs nominatives admises par la Banque de France en garantie d'avances. Ils peuvent être également employés à l'achat d'autres titres nominatifs, après autorisation donnée par arrêté.

Article 15.

Les recettes annuelles de l'association se composent :

1° Du revenu de ses biens à l'exception de la fraction prévue au 5° de l'article 13 ;

2° Des cotisations et souscriptions de ses membres ;

3° Des subventions de l'Etat, des départements, des communes et des établissements publics ;

4° Du produit des libéralités dont l'emploi est autorisé au cours de l'exercice ;

5° Des ressources créées à titre exceptionnel et, s'il y a lieu, avec l'agrément de l'autorité compétente (2) ;

6° Du produit des rétributions perçues pour service rendu.

Article 16.

Il est tenu une comptabilité faisant apparaître annuellement un compte d'exploitation, le résultat de l'exercice et un bilan (3).

Chaque établissement de l'association doit tenir une comptabilité distincte qui forme un chapitre spécial de la comptabilité d'ensemble de l'association (4).

Il est justifié chaque année auprès du commissaire de la République du département, du ministre de l'intérieur et du ministre (5) .... de l'emploi des fonds provenant de toutes les subventions accordées au cours de l'exercice écoulé.

IV. — Modification des statuts et dissolution.

Article 17.

Les statuts peuvent être modifiés par l'assemblée générale sur la proposition du conseil d'administration ou sur la proposition du dixième des membres dont se compose l'assemblée générale.

---

(1) Cette clause peut être adaptée.

(2) Quêtes, conférences, tombolas, loteries, concerts, bals et spectacles, etc. autorisés au profit de l'association.

(3) Si l'association a recours au nouveau plan comptable, indiquer : un bilan, un compte de résultat et une annexe.

(4) Lorsque l'association possède ou se propose de créer des comités locaux, cette règle doit être étendue par une disposition des statuts.

(5) Indiquer le(s) ministre(s) au département duquel (desquels) ressortit l'association.

Dans l'un et l'autre cas, les propositions de modifications sont inscrites à l'ordre du jour de la prochaine assemblée générale, lequel doit être envoyé à tous les membres de l'assemblée au moins .... jours à l'avance.

L'assemblée doit se composer du quart au moins des membres en exercice. Si cette proportion n'est pas atteinte, l'assemblée est convoquée de nouveau, mais à quinze jours au moins d'intervalle, et cette fois, elle peut valablement délibérer, quel que soit le nombre des membres présents.

Dans tous les cas, les statuts ne peuvent être modifiés qu'à la majorité des deux tiers des membres présents.

Article 18.

L'assemblée générale, appelée à se prononcer sur la dissolution de l'association et convoquée spécialement à cet effet, dans les conditions prévues à l'article précédent, doit comprendre, au moins, la moitié plus un des membres en exercice.

Si cette proportion n'est pas atteinte, l'assemblée est convoquée de nouveau, mais à quinze jours au moins d'intervalle, et cette fois, elle peut valablement délibérer, quel que soit le nombre des membres présents.

Dans tous les cas, la dissolution ne peut être votée qu'à la majorité des deux tiers des membres présents.

Article 19.

En cas de dissolution, l'assemblée générale désigne un ou plusieurs commissaires, chargés de la liquidation des biens de l'association. Elle attribue l'actif net à un ou plusieurs établissements analogues, publics, ou reconnus d'utilité publique, ou à des établissements visés à l'article 35 de la loi du 14 janvier 1933.

Article 20.

Les délibérations de l'assemblée générale prévues aux articles 17, 18 et 19 sont adressées, sans délai, au ministre de l'intérieur et au ministre (1) ....

Elles ne sont valables qu'après approbation du Gouvernement.

V. — Surveillance et règlement intérieur.

Article 21.

Le .... (2) doit faire connaître dans les trois mois, à la préfecture du département ou à la sous-préfecture de l'arrondissement où l'association a son siège social, tous les changements survenus dans l'administration ou la direction de l'association (3)

---

(1) Indiquer le(s) ministre(s) au département duquel (desquels) ressortit l'association.

(2) Membre du bureau chargé de la représentation de l'association en justice et dans les actes de la vie civile.

(3) Pour les changements de personnes, mention doit être faite, par référence à l'article 5 de la loi du 1er juillet 1901, tel que modifié par l'article 1er de la loi n° 81-909 du 9 octobre 1981, des noms, professions, domiciles et nationalités.

Les registres de l'association et ses pièces de comptabilité sont présentés sans déplacement, sur toute réquisition du ministre de l'intérieur ou du commissaire de la République, à eux-mêmes ou à leur délégué ou à tout fonctionnaire accrédité par eux.

Le rapport annuel et les comptes — y compris ceux des comités locaux — sont adressés chaque année au commissaire de la République du département, au ministre de l'intérieur et au ministre de (1) ....

Article 22.

Le ministre de l'intérieur et le ministre (1) .... ont le droit de faire visiter par leurs délégués les établissements fondés par l'association et de se faire rendre compte de leur fonctionnement.

Article 23.

Le règlement intérieur (2) préparé par le conseil d'administration et adopté par l'assemblée générale est adressé à la préfecture du département. Il ne peut entrer en vigueur qu'après approbation du ministre de l'intérieur.

---

(1) Indiquer le(s) ministre(s) au département duquel (desquels) ressortit l'association.

(2) Le règlement intérieur qui, dans le strict respect des statuts, ne fait que compléter ceux-ci, et ne saurait en rien être confondu avec le règlement intérieur prévu par le code du travail, est facultatif.

5. MODELE PROPOSE

pour la déclaration des modifications apportées aux statuts d'une association déclarée.

Monsieur le commissaire (ou commissaire adjoint) de la République,

Nous avons l'honneur, conformément aux dispositions de l'article 5 de la loi du 1er juillet 1901, de déclarer les modifications apportées par l'assemblée générale du .... aux statuts annexés à la déclaration de notre association en date du ....

Ci-joint deux exemplaires, dûment approuvés par nos soins, du texte de ces modifications (ou des nouveaux statuts).

Nous vous demandons de bien vouloir nous délivrer récépissé de la présente déclaration.

Veuillez agréer, ...

Fait à ...., le ....

Le président (1),

Le secrétaire (1)
(ou un administrateur),

---

(1) Normalement, la déclaration de modification des statuts doit être signée par le président et contresignée par un administrateur membre du bureau (en général le secrétaire).

6. MODELE PROPOSE

pour une déclaration de changement de personnes chargées de l'administration ou de la direction d'une association.

Monsieur le commissaire (ou commissaire adjoint) de la République,

Nous avons l'honneur de vous faire connaître, conformément aux dispositions de l'article 5 de la loi du 1er juillet 1901 et de l'article 3 de son décret d'application du 16 août 1901, que lors de la séance de son conseil d'administration (ou de son assemblée générale) en date du ...., l'association dite « .... », dont le siège est à ...., et qui a été déclarée le ...., a procédé au renouvellement du bureau, composé désormais comme suit :

M. X..., né à .... le ...., de nationalité ...., domicilié à ...., exerçant la profession de ...., président sortant, réélu (1) ;

M. Y..., né à ...., le ...., de nationalité ...., domicilié à ...., exerçant la profession de ...., secrétaire entrant (1) ;

M. Z..., né à ...., le ...., de nationalité ...., domicilié à ...., exerçant la profession de ...., trésorier sortant, réélu (1).

Nous vous demandons de bien vouloir nous délivrer récépissé de la présente déclaration.

Veuillez agréer, ...

Fait à ...., le ....

Le président, *Le secrétaire sortant,* *Le secrétaire entrant,*

---

(1) Selon le cas.

7. CERFA N° 30-0934

ORGANISMES SANS BUT LUCRATIF

TAXES SUR LE CHIFFRE D'AFFAIRES

DÉCLARATION DES OPÉRATIONS RÉALISÉES

- à titre occasionnel, le 19 (1)
- au cours de la manifestation du 19 (1)
- au cours du ___ᵉ trimestre 19____ (1)
- au cours de l'année 19____ (1)

DIRECTION GÉNÉRALE DES IMPÔTS

N° 3528
CA 13

DÉSIGNATION DU DÉCLARANT : ....

ADRESSE : ....

A — OPÉRATIONS RÉALISÉES (1)	Du 1er janvier au .... (2)	Au titre de la présente déclaration (3)	TOTAUX CUMULÉS depuis le 1er janvier (col. 2 + col. 3) (4)
	F	F	
I. COTISATIONS-SUBVENTIONS			
II. OPÉRATIONS EXONÉRÉES :			
1° Services rendus aux membres			
2° Manifestations de soutien			
3° Autres opérations			
III. OPÉRATIONS TAXABLES (TTC) :			a
1° Exploitation de bar et buvette			
2° Restauration			
3° Hébergement			
4° Services non exonérés			
5° Ventes aux tiers			
6°			
IV. VENTES ANNUELLES AUX MEMBRES			
V. TOTAL DES RECETTES			
VI. VENTILATION DES VENTES AUX MEMBRES :			
1° Exonérées (ligne V × 10 %)			
2° Taxables (ligne IV – ligne VI-1°)			b

B — Décompte de l'impôt brut — Opérations passibles du (1)	Montant TTC (2)	Coeff. (2) (3)	Base HT (4)	Taux (5)	Impôt brut (6)
	F		F		F
1. Taux réduit					
2. Taux interm. et normal					
3.					
TOTAUX (2)					c

C — Décompte de la TVA nette

1. TVA déductible au titre des achats et frais généraux		d –
2. Impôt net exigible (2) **(c–d)**		
3. ou Crédit de TVA **(d–c)**		
4. Montant de la décote (2)		–
5. Impôt net après décote		
6. TVA déductible { au titre des investissements .... ; solde au 31 décembre de l'année précédente .... }	(2) +	–
7. Impôt net dû		
8. Crédit		

D — Régularisation

9. Total des sommes figurant ligne 10 des précédentes déclarations afférentes à l'année	+	–
10. Somme à payer		
11. Solde excédentaire		

Marquer d'une croix la case correspondant au mode de paiement utilisé :

3	4	5	9
Numéraire	Chèque bancaire	Mandat Virement postal	

A ....

le ....

Signature :

Réservé à l'Administration

Taux I.R. %

PRISE EN RECETTE

Somme ....

Date : ....

Numéro ....

Numéro R 30 ....

(1) Rayer les mentions qui ne conviennent pas. (2) Lire la notice.

N° 3528 – IN 0 077467 0 57 – Avril 1980

cerfa

N° 30-1743

Formulaire obligatoire (article 223 du code général des impôts)

Cachet du service

DIRECTION GÉNÉRALE DES IMPÔTS

N° 2065
(Janvier 1985)

Timbre à date du service

IMPÔT SUR LES SOCIÉTÉS

RÉGIME DU BÉNÉFICE RÉEL

Déclaration relative à l'exercice du ____________ au ____________

ou à la période du ____________ au 31 décembre 198 ____
(dans le cas où aucun exercice n'a été clos au cours de l'année).

A IDENTIFICATION DE L'ENTREPRISE

N° d'identification du principal établissement de l'entreprise | Code activité

DÉSIGNATION DE LA SOCIÉTÉ :

(Raison sociale et forme) ____________

ADRESSE : (du principal établissement) ____________

tél. : ____________

ADRESSE du siège social
(si elle est différente de l'adresse ci-contre)

ACTIVITÉS EXERCÉES (souligner l'activité principale) ____________

ANCIENNE ADRESSE

En cas de changement en cours d'année, indiquer ci-dessous l'ancienne adresse :

- **du principal établissement :** ____________
- **du siège social :** ____________

NOUVELLE ADRESSE

Indiquer ci-dessous l'adresse du siège de la Direction de l'entreprise **en cas de création** ou la nouvelle adresse **en cas de changement**

NOM ET ADRESSE DU PROPRIÉTAIRE DU FONDS
(en cas de gérance libre)

NOM ET ADRESSE DU COMPTABLE OU DU CONSEIL
(Préciser s'il fait ou non partie du personnel salarié de l'entreprise)

tél. : ____________

Recommandations importantes

— Arrondir les sommes au franc inférieur.

— Cette déclaration, établie en un seul exemplaire, est à adresser avec les documents dont la liste est donnée ci-après, au service des impôts mentionné en tête du formulaire ou, à défaut, à celui du lieu où l'entreprise a son principal établissement.

DOCUMENTS A JOINDRE :

— Tableaux nos 2050N à 2058.DN établis sur les imprimés fournis par l'Administration en même temps que la présente déclaration;
— Tableau des écarts n° 2054 bis N relatif à la réévaluation (article 238 bis J du code général des impôts);
Demande de crédit d'impôt en faveur de la recherche n° 2069 (feuillet ②).
Copie des comptes rendus et extraits des délibérations des conseils d'administration et des assemblées d'actionnaires;
Note relative aux modalités de constitution de la provision pour fluctuation des cours;
Éléments de calcul de la provision pour hausse des prix;
— Fiche indiquant les modalités de calcul de l'amortissement accéléré accordé aux entreprises exportatrices;
— Documents exigés des entreprises ayant obtenu l'agrément, éventuellement tacite, ouvrant droit aux provisions pour investissements à l'étranger (article 39 octies 30-a du C.G.I.).
— Relevé de frais généraux n° 2067;
— Tableau de réinvestissement des profits réalisés par les entreprises dont la construction de logements ne constitue pas l'activité exclusive n° 2073;
— Déclaration complémentaire n° 2038 concernant les personnes morales passibles de l'impôt sur les sociétés ayant pour objet de transmettre gratuitement à leurs membres la jouissance d'un bien meuble ou immeuble.

L'envoi de la déclaration et des documents annexes ne bénéficie pas de la franchise postale.
Une demande d'accusé de réception peut être présentée au Service par le déclarant.

N° 2065 - Série G - IN 5403119 - (?)- Décembre 1984

cerfa

N° 30-1410

Formulaire obligatoire (article 220/1-b/ du code général des impôts)

9. DIRECTION GENERALE DES IMPOTS

N° 2066 (janvier 1983)

IMPOT SUR LES SOCIETES

MONTANT DES SOMMES DONNANT DROIT A IMPUTATION SUR L'IMPOT SUR LES SOCIETES EN APPLICATION DE CONVENTIONS INTERNATIONALES

Timbre à date du Service

DECLARATION RELATIVE A L'EXERCICE DU ______________ AU ______________

OU A LA PERIODE DU ______________ AU 31 DECEMBRE 19 ______

Raison sociale de l'entreprise : ______________________________

Adresse du principal établissement de l'entreprise : ______________________________

Numéro SIRET du principal établissement de l'entreprise |_|_|_|_|_|_|_|_|_|_|_|_|_|_|

Code d'activité |_|_|_|_|

nature des revenus	Pays d'origine des revenus 1	Montant brut des revenus 2	Impôt étranger effectivement prélevé 3	Montant net des revenus (Col. 2 - Col. 3) 4	Crédit d'impôt attaché aux revenus 5	Impôt français afférent aux revenus 6	Crédit d'impôt imputable 7	Colonne réservée à l'administration 8
I. Dividendes								
	Total à reporter Cadre VII ligne A							
II. Intérêts d'Obligations								
	Total à reporter Cadre VII ligne B							

CET IMPRIMÉ - A SOUSCRIRE EN DOUBLE EXEMPLAIRE - DOIT ÊTRE UTILISÉ PAR LES SOCIÉTÉS BÉNÉFICIAIRES DE REVENUS DE SOURCE ÉTRANGÈRE ENCAISSÉS DANS UN ÉTAT ÉTRANGER OU UN TERRITOIRE D'OUTRE-MER OU REÇUS DIRECTEMENT D'UN TEL ÉTAT OU TERRITOIRE.

REVENUS CONCERNÉS

Doivent figurer sur cette déclaration :

— **les dividendes, intérêts, tantièmes, redevances et autres revenus de toute nature, auxquels est attaché**, en vertu d'une convention internationale, un crédit d'impôt représentatif de l'impôt étranger ;

— **les dividendes, intérêts d'obligations ou autres titres d'emprunts négociables et les tantièmes provenant des territoires d'outre-mer et de Guinée.**

Par contre, ne doivent pas être mentionnés :

— les revenus ayant donné lieu à la délivrance d'un certificat de crédit d'impôt, par un établissement payeur français ;

— les revenus exonérés de l'impôt sur les sociétés en vertu, soit de la législation fiscale française, soit des conventions fiscales conclues par la France ;

— les revenus qui, exonérés dans l'État ou le territoire d'où ils proviennent, en vertu, soit de la législation de cet État ou de ce territoire, soit d'une convention fiscale, ne donnent lieu, sauf application d'une décote forfaitaire ou d'une clause de crédit pour impôt fictif, à aucune

III. Tantièmes							
	Total à reporter Cadre VII ligne C						
IV. Revenus de créances							
	Total à reporter Cadre VII ligne D						
V. Redevances							
	Total à reporter Cadre VII ligne E						
VI. Autres revenus							
	Total à reporter Cadre VII ligne F						
VII. Récapitulation	A - Total Cadre I						
	B - Total Cadre II						
	C - Total Cadre III						
	D - Total Cadre IV						
	E - Total Cadre V						
	F - Total Cadre VI						
	Total général						

l'application du régime des sociétés mères.

* * *

MODALITÉS D'UTILISATION DE L'IMPRIMÉ

Chacun des cadres I à V de la déclaration est réservé à une catégorie particulière de revenus.

Le cadre VI est réservé aux revenus qui n'entrent pas dans l'une des catégories concernées par les cadres précédents.

En cas de besoin, des annexes de même modèle devront être jointes à la déclaration. Les sommes seront exprimées en monnaie française.

L'utilisation des colonnes 1 à 4 de chacun des cadres n'appelle pas d'observation particulière.

Les colonnes 5 à 7 devront être servies en tenant compte des prescriptions suivantes :

- colonne 5 : le crédit d'impôt sera déterminé conformément aux indications fournies par le tableau figurant au verso et, pour les revenus figurant au cadre VI, conformément aux dispositions prévues à l'égard de chacun des revenus en cause par la convention applicable ;
- le montant de l'impôt français à porter colonne 6 est l'impôt sur les sociétés dans la base duquel les revenus sont compris. Il est calculé en appliquant le taux de 50 % (ou, s'il s'agit de redevances soumises au régime des plus-values à long terme, le taux de 15 %) au montant imposable des revenus. Ce montant imposable s'entend de la différence entre, d'une part, le montant « brut » des revenus constitués par le revenu net figurant colonne 4, augmenté du crédit d'impôt mentionné colonne 5, et, d'autre part, les charges déductibles du revenu conformément au droit interne français ;
- le montant, à porter colonne 7, des sommes donnant droit à imputation sur l'impôt sur les sociétés est le moins élevé des montants figurant aux colonnes 5 et 6, c'est-à-dire :
  - Ou bien, le crédit d'impôt attaché aux revenus (col. 5).
  - Ou bien, s'il est inférieur, le montant de l'impôt français afférent à ces mêmes revenus(col. 6).

Les colonnes 2 à 7, totalisées par cadre, font l'objet d'une récapitulation au cadre VII.

Le total général des sommes donnant droit à imputatuion, figurant en cartouche colonne 7, est à reporter au cadre C2 de la déclaration n° 2065.

► **Total à reporter sur la déclaration N° 2065 Cadre C -2-**

N° 2066 - Série G - IN 2403569.O.49 [12] - Décembre 1982

10.

N° 30-1265
Formulaire obligatoire (article 223 du code général des impôts)

DIRECTION GENERALE DES IMPOTS

IMPOT SUR LES SOCIETES

- COLLECTIVITÉS PUBLIQUES OU PRIVÉES -
(agissant sans but lucratif)

N° 2070
(Janvier 1983)

Timbre à date du Service

DÉCLARATION RELATIVE A L'ANNÉE 198__

OU A L'EXERCICE CLOS LE ______________________ 198__

La présente déclaration est à **soucrire** par :

- les **établissements publics**, autres que les établissements scientifiques, d'enseignement et d'assistance,
- les **associations et collectivités sans but lucratif** (associations placées sous le régime de la loi de 1901, associations reconnues d'utilité publique...),

dés lors que ces organismes **ont perçu** :

- certains **revenus mobiliers**
- des **revenus fonciers**
- des **bénéfices agricoles ou forestiers**

et que ces revenus ou bénéfices **ne se rattachent pas directement** aux bénéfices provenant de l'exercice d'une activité industrielle ou commerciale ou d'une profession non commerciale.

Dans l'hypothèse où ces collectivités se livrent également à une **exploitation ou à des opérations de caratère lucratif, elles sont tenues** de déposer auprès du service des impôts - outre la présente déclaration - une **déclaration de résultats** (modèle n° 2033, 2035 ou 2065) accompagnée, le cas échéant, de ses annexes.

IDENTIFICATION DE LA COLLECTIVITÉ

1. **DÉSIGNATION DE LA COLLECTIVITÉ** (ou de l'organisme) : ______________________

2. **BUT** ou activité principale ______________________

Numéro SIRET du principal établissement (si ce numéro a été attribué) |_|_|_|_|_|_|_|_|_|_|_|_|_|_| Code activité |_|_|_|_|

3. **ADRESSES** :

	à la date de la présente déclaration	N° téléphone	à la date de la précédente déclaration (en cas de changement d'adresse en cours d'année)
- du principal établissement			
- du siège social			

Nota : Le montant des sommes à indiquer sur la présente déclaration doit être arrondi au franc inférieur

I. — Revenus mobiliers et assimilés

A - Généralité des déclarants.

1. Montant brut des revenus de capitaux mobiliers taxables au taux de 24 % (Revenus des créances non représentées par des titres négociables; revenus des dépôts, cautionnements et comptes courants; revenus des valeurs mobilières étrangères, des avances, prêts ou acomptes reçus en qualité d'associés de société de capitaux) .... F

B - Caisses de retraite et de prévoyance.

2. Montant brut des revenus imposables au taux de 10 % .... F

- **Caisses de retraite et de prévoyance et fondations et associations reconnues d'utilité publique ayant perçu, au cours d'un exercice clos en 1982, des dividendes de sociétés françaises** :

Montant total (arrondi au franc supérieur) des **avoirs fiscaux** figurant sur les **certificats remis** par les établissements qui ont payé ces dividendes .... F

Joindre ces certificats à la présente déclaration.

N° 2070 - Série G - IN 2403571 0 96 (12) Décembre 1982

11.

MODÈLE OBLIGATOIRE (art. 87 de la loi n° 81-1160 du 30-12-1981).

REÇU Association

NUMÉRO D'ORDRE

Les mentions à porter dans ce cadre peuvent être préimprimees.

Nom de l'association ou fondation :

Adresse du siège (numéro, rue, code postal, commune) :

Objet :

Le cas échéant : ☐ Reconnue d'utilité publique	Par décret du :	J.O. du :

Nom du donateur :

Adresse du donateur (numéro, rue, code postal, commune) :

L'association ou fondation reconnaît avoir reçu à titre de don la somme de	F

Somme en toutes lettres :

Date de paiement :	Date et signature :
Mode de versement : ☐ Numéraire. ☐ Chèque bancaire. ☐ Chèque postal.	

Le don n'ouvre droit à déduction que dans la mesure où les conditions générales prévues à l'article 238 bis-1 du code général des impôts sont remplies, c'est-à-dire... s'il est effectué « au profit d'œuvres ou d'organismes d'intérêt général, de caractère philantropique, éducatif, scientifique, social, familial ou culturel ».

CONDITIONS DE DÉDUCTIBILITÉ DES DONS AUX ASSOCIATIONS

Les sommes versées aux associations, sont **déductibles** du revenu imposable du donateur dans les limites suivantes :
- **1 %** du revenu imposable pour les dons aux œuvres d'intérêt général ou ayant un caractère philantropique, éducatif, scientifique, social, familial, culturel.
- **5 %** pour les œuvres ayant le même objet que ci-dessus mais qui sont de plus reconnues d'utilité publique.

Ces déductions ne sont acquises au contribuable que sur production d'un justificatif dont le modèle est reproduit au verso et, dans la **limite maximale de 5 %** du revenu imposable du donateur ; ce document doit être joint à la déclaration de revenu (1).

En ce qui concerne les **entreprises,** les limites de déduction sont, en général, de **1 ‰** du chiffre d'affaires. Cette limite est portée à **2 ‰** pour les versements au profit de Fondation ou Associations reconnues d'utilité publique et d'Associations d'intérêt général et à caractère culturel ayant reçu à cet effet un agrément ministériel.

12. MODELE PROPOSE

pour la déclaration de l'aliénation d'un bien immobilier.

Monsieur le commissaire (ou commissaire adjoint) de la République,

Nous avons l'honneur, conformément aux dispositions de l'article 3-4° du décret du 16 août 1901, de vous faire connaître que l'association dite « .... », dont le siège est à ...., et qui a été déclarée le ...., a procédé suivant acte authentique en date du ...., établi par Maître ...., notaire à ...., à l'aliénation d'un immeuble sis à ...., rue ...., n° ...., moyennant le prix principal de .... francs.

Nous vous demandons de bien vouloir nous adresser récépissé de la présente déclaration.

Veuillez agréer, ...

Fait à ...., le ....

Le président, *Le trésorier (ou le secrétaire),*

13-14.

MODELE DE REÇU POUR SOLDE DE TOUT COMPTE.

REÇU POUR SOLDE DE TOUT COMPTE

Je soussigné . . . .

demeurant à . . . .

déclare avoir reçu ce jour de la « Société des spectacles culturels » S.A.R.L. au capital de 50 000 F dont le siège est à Nanterre, 92, 26 rue

la somme de DIX HUIT MILLE SEPT CENTS FRANCS 18 700 F

soit
- 4 700 F à titre de solde de salaire pour le mois d'avril 1984
- 12 000 F à titre d'indemnité de licenciement
- 2 000 F à titre d'indemnité compensatrice de congés payés.

POUR SOLDE DE TOUT COMPTE ET INDEMNITÉS A QUELQUE TITRE QUE CE SOIT.

Fait à , le
en deux exemplaires originaux dont un a été remis à M. . . . .
qui le reconnaît.

*

* Faire précéder la signature de la mention manuscrite « Bon pour solde de tout compte et indemnités à quelque titre que ce soit ».

Conformément aux dispositions de l'article L 122-17 du Code du Travail, le présent reçu peut être dénoncé par lettre recommandée avec A.R. dûment motivée adressée à l'employeur avant expiration d'un délai de deux mois à compter de sa signature. Toute réclamation formulée après ce délai sera forclose.

MODELE DE CERTIFICAT DE TRAVAIL.

CERTIFICAT DE TRAVAIL

Je soussigné . . . . agissant en qualité de Président de l'association dénommée « Compagnie du Clair de Lune » dont le siège est à Cambrai, 8 rue des Chapeaux Blancs ;

certifie que M. . . . . a été employé par l'Association en qualité de Directeur du
au . et qu'il quitte l'association ce jour, libre de tout engagement.

M. . . . . a donné entière satisfaction dans l'exercice de ses fonctions. *

Fait à le ur val ce que de droit.

Le Président

TABLEAUX PROCÉDURE

Procédure de licenciement individuel ne succédant pas à un licenciement économique

Obligations	Effectif de l'entreprise	sans faute – de 11 salariés	sans faute 11 salariés et plus		avec faute – et + de 11 salariés
	Ancienneté du sal.	Indifférente	– de 1 an	1 an et +	Indifférente
Convocation à l'entretien par lettre recommandée				x	x
Entretien				x	x
Envoi de lettre de licenciement (recommandée avec A.R.)		x	x	x	x
Énonciation des motifs sur demande du salarié				x	x
Solde de tout compte et certificat de travail		x	x	x	x
Inscription sur le registre du personnel		x	x	x	x

Procédure de licenciement individuel pour motif économique

Obligations	Effectif de l'entreprise	Moins de 11 salariés	11 salariés et plus (procédure lég.)		11 salariés et plus	
	Ancienneté	Indifférente	Moins de 1 an	1 an et plus	Moins de 1 an	1 an et plus
* Convocation du salarié				x		x
* Entretien				x		x
* Information du comité d'entreprise ou, à défaut, des délégués du personnel					x (1)	x (1)
* Demande d'autorisation au directeur dép. du travail		x	x	x	x	x
* Notification du licenciement par lettre recommandée avec A.R.		x	x	x	x	x
* Énonciation des motifs éventuellement				x		x
* Solde de tout compte et certificat de travail (1)		x	x	x	x	x
* Inscription sur le registre du personnel		x	x	x	x	x

(1) pour un cadre

Procédure de licenciement collectif pour motif économique

OBLIGATIONS	EFFECTIF DE L'ENTREPRISE Moins de 11 salariés	EFFECTIF DE L'ENTREPRISE Plus de 11 salariés
Réunion et consulation des délégués du personnel		x
Information au Directeur Départemental du travail		x
Transmission du P.V. de la réunion au Directeur Départemental du travail		x
Établissement de l'ordre des licenciements	x	x
Demande d'autorisation au Directeur Départemental du travail	x	x
Notification du licenciement à chaque salarié (lettre recommandée avec accusé de réception)	x	x
Solde de tout compte et certificat de travail	x	x
Inscription sur le registre du personnel	x	x

15.

N° 30-1246
Formulaire obligatoire en vertu de l'art. 369 de l'annex III du Code général des impôts.

TAXE SUR LES SALAIRES
(Taux normaux et majorés)
(Article 231 du Code général des impôts)

N° 2501
(Novembre 1982)
Direction Générale des Impôts

BORDEREAU-AVIS DE VERSEMENT

I PERSONNE OU SOCIÉTÉ EFFECTUANT LE VERSEMENT

Nom et prénom *ou* raison sociale ______

Numéro SIRET ______ Code activité ______

Profession *(activité principale)* ______

Adresse actuelle: N° et rue ______ Localité ______ Code postal ______ Bureau distributeur ______ Arrt. ______ *(Paris, Lyon, Marseille)*

Adresse précédente ______
(en cas de changement depuis le dernier versement)

II DÉTAIL DU VERSEMENT (Mois d ______ ou période du ______ au ______)

	Traitements, salaires, indemnités et émoluments		
	Montant brut total 1	Fraction des salaires individuels Comprise entre 2733,33 et 5466,66 F par mois 2	Fraction des salaires individuels Supérieure à 5466,66 F par mois 3
1 Base de calcul de la taxe *(a)*	F	F	F
2 Taux applicable au chiffre correspondant de la ligne 1	4,25 %	4,25 %	9,35 %
3 Impôt brut (lig. 1 × lig. 2)	F c	F c	F c

4 Total des colonnes 1 à 3 (lig. 0) ______ F c

5 Pourcentage d'imposition *(voir au verso)* ______ %

6 Montant brut de la taxe (lig. 4 × lig. 5) *(a)* ______ F

7 Seuil d'imposition *(associations, syndicats... voir notice)* ______ F

8 Montant du versement à effectuer au Trésor (lig. 6 – lig. 7) ______ F

Cocher la case correspondant au mode de paiement utilisé
☐ en numéraire
☐ par mandat-contribution
☐ par chèque de virement
☐ par versement au compte de chèques postaux du comptable du Trésor
☐ par chèque barré
☐ par virement de banque

A ______, *le* ______ *Signature :*

NOTA : Dans le cas où le versement a lieu autrement qu'en numéraire ou par mandat-contribution, le contribuable qui désire recevoir sa quittance doit la demander au Comptable du Trésor chargé du recouvrement des impôts directs, qui l'enverra en franchise.

(a) Montant arrondi au franc le plus voisin, les fractions égales ou supérieures à 50 c étant comptées pour 1 F et les fractions inférieures à 50 c étant négligées.

III CADRE RÉSERVÉ AU COMPTABLE DU TRÉSOR

Cachet d·· la perception

Date de paiement ______
Écriture n° ______
En date du ______ (1)

(1) *Si elle diffère de la date de paiement.*

Le présent b... eau doit être produit par le Comptable du Trésor à l'appui des versements ... ffectué à la Caisse de la Trésorerie générale ou de la Recette des Finances.

N° 27 Série A - IN 2403491.O.06 [13] - Décembre 1982

Voir au verso : **RECOMMANDATIONS IMPORTANTES**

16.

BULLETIN DE PAYE *du* 1er *au* 30 Juin 85 *N° de pointage*

Nom TRICAUD Christophe

Adresse

M[le] S. S. 1 58 03 75 110 081 C.P. Emploi : MONITEUR

Salaire de base pour 169 *heures*		5 000,00
Heures normales h. à		
Heures suppl[res] 25 % 5 h. à 36,99		184,95
Heures suppl[res] % h. à		
SALAIRE BRUT		5 184,95

BASES	*Taux*		*RETENUES*
5184,95	5,6	% SS. Mal. sur Sal. Total	290,36
5184,95	5,7	% SS. Mal. sur Sal. plaf.	295,54
		% SS. Vieil. sur Sal. plaf.	
		%	
		%	
5184,95	1,92	% Retraite complément.	99,55
5184,95	1,84	% Retraite cadres	95,40
		% Assur. Chômage	
		%	
		TOTAL DES RETENUES	780,85

	TOTAL DES RETENUES 780,85	780,85
	NET IMPOSABLE	4 404,10
Indemnités	Transport 50 % carte orange	69,00
	TOTAL	4 470,10
Avantages en nature et Acomptes		
	NET A PAYER	4 470,10

EXACOMPTA Réf. 3084

SÉCURITÉ SOCIALE

N° Matricule de l'employeur: 41755 .....

Cotisations versées à: URSSAF 75U

PAYÉ LE : Mode de Versement :

Cachet de l'employeur: ASSOCIATION X

49

Bibliographie

A.D.D.E.S. (collectif), actes de colloques, Paris, 1983-1984-1985.

BRICHET Robert, *Associations et syndicats*, Paris, Librairie technique, 4e édition.

CAMUS Raymond, « Conseils aux associations », Paris, *Le Monde*, 1984.

CENTRE POMPIDOU, *Et la Presse Associative !*, Paris, 1984.

DEBBASCH Charles, *Les Associations*, Paris, P.U.F., « QUE SAIS-JE ? », 1985.

FORSE Michel, « Les Français redécouvrent les vertus du micro-social », Paris, *Revue de l'OFCE*, n° 1, 1982.

ISSELE Lucien, *Les Associations de la loi 1901*, Éditions du Puits Fleuri, 1982.

JOURNAL OFFICIEL, « Associations 1901 Régime général », 1985.

LEUMEUNIER Francis, *Association*, Paris, DELMAS, « Ce qu'il faut savoir », 2e édition 1984.

MINISTÉRE DE L'ÉCONOMIE, « Guide fiscal des associations », Paris, *DOCUMENTATION FRANÇAISE*, 1983.

ORDRE DES EXPERTS COMPTABLES, *Guide comptable des associations*, Paris, 1985.

PASSARIS Solange, *Les Associations*, Paris, Editions La Découverte, coll. « Repères », 1984.

RAILLON Louis, *Comment animer une association*, Paris, LE CENTURION, 1981.

SOUSI Gérard, *Le Fonctionnement*, Paris, HERMES, 1980.

U.F.C.V., *Comptabilité et gestion simplifiée*, Paris, DUNOD, 1983.

UNIVERSITÉ DE NANTES, *Les Associations et le Droit*, Paris, ECONOMICA, 1984.

Index

Dépôt légal : janvier 1986
Imprimerie Dumas, 42009 Saint-Étienne
N° d'imprimeur : 27393
Achevé d'imprimer le 23 décembre 1985
Imprimé en France